(Par J. Spon.)

DE L'VSAGE
DU
CAPHE',
DV THE',
ET DV
CHOCOLATE.

A LYON,

Chez IEAN GIRIN, &
BARTHELEMY RIVIERE.
en ruë Merciere, à la Prudence.

M. DC. LXXI.

Avec permission des Superieurs.

✠✠✠✠✠✠✠✠✠✠✠✠
✠✠✠✠✠✠✠✠✠✠✠✠

AV REVEREND PERE,

LE REVEREND PERE

IEAN DE BVSSIERES

tres-digne Prestre Reli-
gieux de la Compagnie
de IESVS.

COMME ie sçay,
mon Reuerend Pere,
que vous vous trouvez
bien de l'vsage du Ca-
phé, & que c'est vne
boisson tres-propre pour les
personnes studieuses, & ausquelles la grande contention

ꝟ 2   d'esprit

d'esprit cause souvent des maux, dont elle est un asseuré remede, Ie n'ay pas balancé à Vous dedier ce petit Traité qu'un de mes amis m'a prié de faire imprimer. Vous y trouverez non seulement tout ce qu'on a pû recueillir touchant cette merveilleuse Féve, mais encor tout ce que les plus fameux Voyageurs ont dit du Thé, & du Chocolate, qui sont deux autres Boissons, dont beaucoup de gens se servent avec succez. Ie ne pretens pas par le peu de valeur du present que ie vous fais, m'acquitter des

grandes

grandes obligations que ie
vous ay, ny des avantages
que i'ay souvent tiré du fruit
de vos veilles, & de vos
trauaux: au contraire ie veux
m'endebter dauantage au-
prés de vôtre Reverence, par
la grace que ie vous demande
d'accepter ce petit Livre
d'aussi bon cœur que ie vous
le presente, & d'estre persua-
dé que ie suis & seray toute
ma vie,

MON R. PERE,

Votre tres-humble, tres-
obeissant, & tres-obligé
serviteur,

IEAN GIRIN.

L A Nature ayant voulu que l'homme partit de ses mains comme vn chef d'œuvre parfait, & comme vn monde racourcy tout plein de merveilles, luy a fait present d'vn important apanage, qui est d'vne santé ferme & vigoureuse,

reufe , afin qu'il pût
fubfifter long-temps,
& exercer toutes fes
fonctions fans aucu-
ne peine. Mais com-
me cette fanté fe peut
aifemét alterer, & dé-
truire par vne infinité
de caufes externes , &
internes, la divine Pro-
vidáce fçachát que rié
ne pouvoit étre plus
vtile, plus agreable, &
plus precieux à fa cre-
ature que cet incôpa-
rable bien de la fanté,

 fans

sans lequel tous les honneurs, toutes les richesses, & toutes les delices du monde ne sont que des incommoditez, des ennuys, & des perpetuels tourmens, s'est aussi tres-sagement avisée de tirer du sein de la terre vne infinité de medicamens, tant pour la conservation des personnes qui sont dans vne parfaite santé, que pour le soulagement

gement & le rétablif-
fement de ceux qui
n'en ont qu'vne infir-
me & chancelante.
Cependant cõme les
climats font bien dif-
ferents les vns des au-
tres, & qu'vne contrée
produit vne chofe, &
l'autre vne autre ; Elle
a auffi donné en par-
tage certaines plantes
& drogues à des pays,
qu'elle a refufé aux au-
tres ; même afin de
mieux favorifer par

ce moyen le commer-
ce mutuel des Na-
tions, & de mieux ci-
menter la societé civi-
le qu'elle semble avoir
toûjours euë en sin-
guliere recommanda-
tion, puis qu'elle en a
gravé l'amour, & le
souhait dans tous les
esprits, si j'en excep-
te quelques misantro-
pes, & quelques bour-
rus, qui sont comme
des avortons & des
monstres dans la Na-
ture.

ture. C'est pourquoy ceux-là sem∣blent cho∣quer la raison, qui au mépris des ordres sa∣crez de cette divine Providence, preten∣dent que chaque païs se doit contenter de l'vsage des seuls me∣dicamens qu'il pro∣duit, sans rechercher ceux que peuvent fournir les Peuples estrangers, & esloi∣gnez. Car n'est-ce pas vn pur effet de ca∣

price

price ou de chagrin,
de vouloir fans fujet
priver le genre hu-
main de l'vfage des
productions falutaires
que la nature luy pre-
fente de toutes parts,
& de luy interdire
tous les avantages
qu'il en peut atten-
dre. Au refte comme
entre tant de fortes
de medicamens, dont
le Ciel fe montre fi li-
beral envers les hom-
mes, il y en a trois
princi

principalement qui de
nôtre temps se sõt ac-
quis vne reputation
generale, & vn credit
tout particulier dans
l'Europe par les signa-
lez effets qu'on leur
voit produire tous les
jours, en grand nom-
bre de personnes qui
s'en seruent auec suc-
cez. I'ay jugé de la
derniere importance
de faire part au pu-
blic de quelques dis-
cours & traitez faits
sur

sur ce sujet, recueilis en
vn corps, afin que nô-
tre Natiõ toûjours cu-
rieuse de la nouveau-
té puisse connoître à
fõds aussi bien que les
autres, ce qui est des
susdits medicamens,
dont l'vsage est assez
moderne parmy nous,
& se réd tous les jours
celebre par les frequé-
tes& quotidiennes ex.
periences qu'on en
fait, avec des succez
qui ne sont pas moins
surpre

surprenants que profitables. Les trois medicamens dont je veux parler icy, sont le Caphé, le Thé, & le Chocolate : les deux premiers estant medicamens simples, au lieu que le dernier est vne composition; le Caphé estant du cru de l'Arabie, mais les deux autres venant des Indes. A sçavoir le Thé, ou Tay des Indes Orientales, & le Chocolate,

(ou

(ou le Cacao dont on
le compofe) des Occi-
dentales. La premiere
piece qui paroit dãs ce
Volume, eft vne dif-
fertation curieufe du
Caphé, traduite en
François d'vn Origi-
nal Latin composé de-
puis peu par vn fçavãt
Medecin de l'Empire,
qui n'a pas voulu fe
nõmer, à laquelle j'ay
adjoûté quelques ex-
traits tirez des œuvres
de divers voyageurs
                    fur

fur ce même fujet. La feconde confifte en quelques remarques particulieres du Thé, tirées de l'ambaffade de la Compagnie Holandoife des Indes Orientales vers l'Empereur de la Chine, de la relation du voyage de Monfieur l'Evêque de Beryte dans la Cochinchine, du voyage du Pere Alexandre de Rodez, & des obfervations medicinales

de

de Nicolas Tulpius
Medecin d'Amſterdã.
La derniere piece eſt
vn Traité du Choco-
late fait par vn Mede-
cin Eſpagnol, nommé
Antonio Colmenere
de Ledeſma, traduit
cy-devant en nôtre
Langue par le Sieur
René Moreau, vivant
fameux Medecin de
la Faculté de Paris. Ie
ſuis perſuadé que ce
petit Recueil ſera re-
ceu favorablement
de

de tous les honnêtes
gens, qui pourront ap-
prendre par là les ex-
cellentes vertus que
le Createur a dépar-
ties à ces trois medica-
mens étrangers: ce qui
les obligera d'autant
plus à en admirer, &
benir le souverain Au-
theur de toutes les
choses crées, & leur
fera prendre envie
d'en vser, avec de con-
tinuelles actions de
graces dans les indis-
posi

positions dont ils se
trouueront ou mena-
cez, ou actuellement
affligez.

A MES

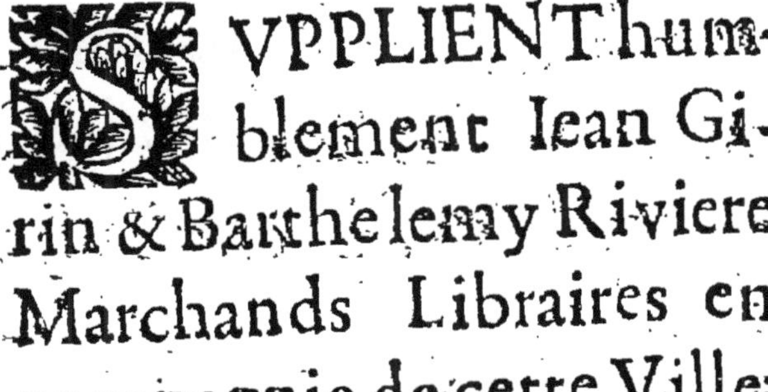

A MESSIEVRS,
MESSIEVRS

LES SENESCHAL,
& Gens tenans le Siege Presidial à Lyon.

SVPPLIENT humblement Iean Girin & Barthelemy Riviere Marchands Libraires en compagnie de cette Ville; Qu'il Vous plaise, MESSIEVRS, de permettre aux Supplians d'imprimer la Traduction qu'ils

qu'ils ont fait faire de Latin en François d'vn Li-
vre intitulé *De l'vsage du
Caphé, du Thé, & du Cho-
colate*, auec deffenses à
tous Libraires, Impri-
meurs, & autres de faire
imprimer ledit Livre pen-
dant trois années, à peine
de deux cens cinquante
liures d'amande, & con-
fiscation des Exemplaires
contrefaits, à cause des
frais qu'ils ont esté obligez de faire pour ladite
Traduction: Et passé ou-
tre nonobstant opposi-
tions, ou appellations
quelconques, & sans pre-
judice

judice d'icelles : Et ferez
bien.

GIRIN, & RIVIERE.

Soit monstré au Procu-
reur du Roy. ce seiziéme
Decembre 1670. DESEVE.

Ie n'empêche pour le Roy
la permission requise. Fait à
Lyon ce dix-septiéme De-
cembre 1670. VAGINAY.

SOIT fait suivant les
conclusions du Procureur du
Roy, avec deffenses à tous
autres d'imprimer ledit Livre pendant trois années, à
peine de l'amande. ce dix-sept
Decembre 1670. DESEVE.

DE

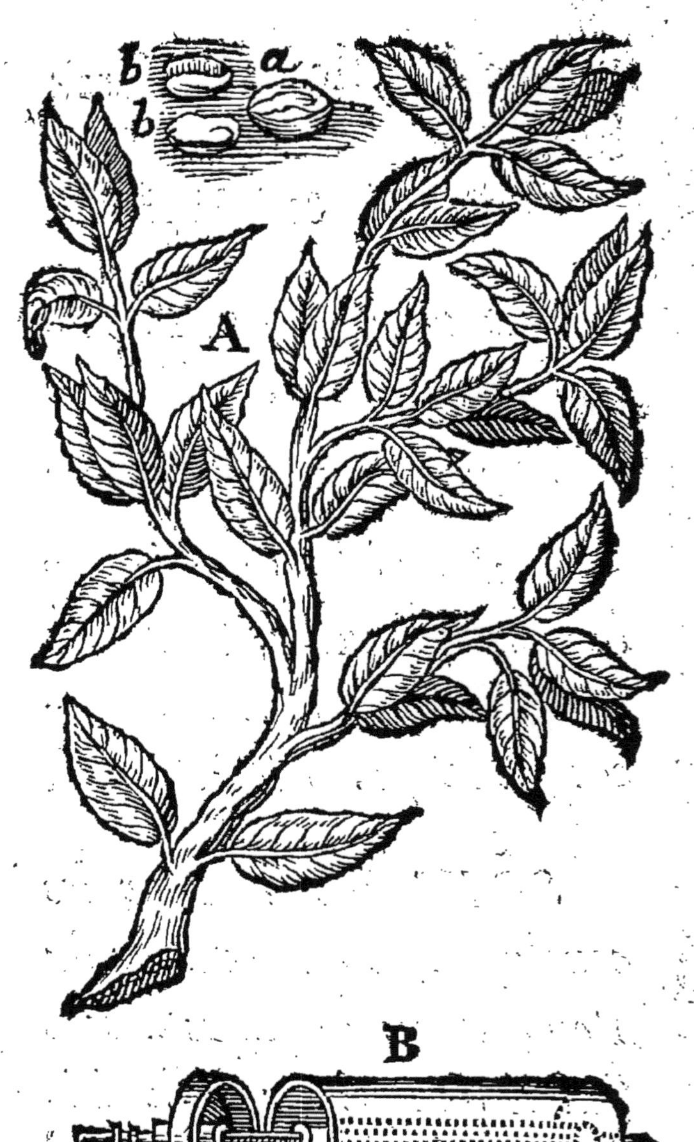
b
a
b
A
B
C

DE L'VSAGE
DV
CAPHE.

ENCORE que l'vsage, & le manger des Féves, ayt esté autrefois defendu par Pythagore, parce que leurs fleurs marquées de noir representent vne figure lugubre, & les ames des morts qui les habitent : & qu'il y en ait encores d'autres qui les rejettent, parce qu'ils tiennent que leur vsage hebete les sens, & cause des songes turbulents.

A   Toutes

Toutesfois parce qu'elles nous
servent en qualité d'aliment,
& de medicament, je crois que
ma peine ne sera point mal
employée, si ie donne au public quelque chose sur le sujet
des Féves.

Cependant mon intention
n'est pas de parler des Féves
de ce pays ; soit des sauvages,
soit de celles qu'on seme, ni de
nos Phaseoles , ny de nos Lu-
pins, de tous lesquels toutefois
nous avons acoustumé de nous
servir souvent, soit dans la cuisine, soit dans la Pharmacie ,
puis que des tres-celebres Medecins,& Chirurgiens s'en servent frequemment pour la
guerison des maladies externes & internes : comme dans
l'hydropisie , le calcul, la suppression d'vrine , la dysenterie,

la

la lienterie, les ecchymofes, &
autres affections contre Nature. Ie ne traitteray non plus de
la Féve d'Egypte de Diofco-
ride page 228. que les Croco-
diles fuyent, comme contraire
à leurs yeux, tefmoing Pline
page 234. ny du Phafeol de
Paludan Garet , femblable au
Cacao, (duquel l'on fait le chocolate) nommé autrement Co-
les, dans Clufius page 64 : ny
des Féves purgatives de Car-
thage , de Manard page 335 :
ou de Ferdinand de Lopez de
Caftagneda livre 7. chap. 78:
qui viennent dans l'Ifle de
Saint Thomas. Ie parleray
pour maintenant de la Féve
d'Arabie nommée *Bon* , de laquelle l'on fait vne boiffon que
l'on appelle Caphé ; lequel
eftoit autrefois en vfage parmi

A 2   les

les Arabes , & les Egyptiens.
Et duquel se servent aujour-
d'huy tres-souvent les François, Anglois , & Allemands,
lesquels se plaisans à la nou-
veauté, ont à ce sujet quasi entierement abandonné l'vsage
du Tabac, & du Thé.

Le premier qui ait parlé des
proprietez de cette Féve, sous
le nom de *Bunchum* , a esté
dans le neufviéme siecle aprés
la naissance de nostre Sauveur.
Zacharie Mahomet Rases, cō-
munement dit Rhasio, tres-ce-
lebre Medecin Arabe , qui a
composé plusieurs tres beaux
Livres ; sçavoir dix au Roy
Mansor, & quinze autres tres-
sçavans. C'est le premier qui
a dit, ce que c'est que *Bunchum* , sçavoir à la page 74 : asseurant qu'il est chaud, & sec:
fort

fort propre à l'eſtomach , & qu'il empeſche la mauvaiſe odeur de la ſueur , & du medicament depilatoire : ce qui ſe void dans le troiſieme livre à Manſor, dans la page 74. que i'ay déja citée.

Aprés Raſes, Abuhali, Alhaſen, Ebenhali, Ebenſina, communement dit Avicenne au 2. livre page 270, Traité ſecond, chap. 91. explique *Bon*, ſous le nom de *Bunchum* , & demandant ce que c'eſt que *Bunchum* , il reſpond que c'eſt vne choſe apportée de Iamen.

Quand à ſon choix il dit que celle qui eſt citrine, legere, & de bonne odeur, eſt la meilleure, mais que la blanche, & la peſante, eſt mauvaiſe, qu'elle eſt chaude, & ſeiche au premier degré ; & ſelon d'autres,

A 3

froide

froide au premier. Quand à
ses operations & proprietez,
elle fortifie les membres, elle
mondifie le cuir, & desseiche
les humiditez qui sont sous
iceluy, donne bonne odeur à
tout le corps, & empesche la
mauvaise senteur des depila-
toires. Elle est tres-bonne à l'e-
stomach, ce qui se rapporte à
ce que dit Avicenne du *Meisce*
pag. 359, lieu cité, & au premier livre Fen. 3. dict. 2. chap.
194: mais *Bon*, & *Meisce*, different l'vn de l'autre.

Prosper Alpinus, au livre de
la Medecine d'Egypte, & des
Plantes d'Egypte, décrit à
fonds la féve Bon, & le breuvage que l'on en fait: car il dit
dans la page 118: la semence
Bon est fort en vsage chez les
Egyptiens, de laquelle ils preparent

parent vne decoction, dont ils boivent dans leur pays tout de mesme, que chez nous l'on fait le vin dans les Cabarets : Et quoy qu'ils en boivent tout le long du iour , toutefois leur coustume est d'en prendre largement le matin à jeun, autant chaud qu'ils le peuvent souffrir, estant vne chose certaine parmy eux, qu'il eschauffe & fortifie l'estomach ; & que c'est vn puissant remede pour guerir les obstructions des Visceres.

C'est vn remede expeditif aux femmes pour leur procurer leurs mois, & elles s'en servent tres-souvent lors qu'ils ne fluent pas aussi abondamment qu'elles souhaiteroiét. Elles en hument beaucoup, aussi chaud qu'elles peuvent ; Observant

A 4   toute

toutefois de le boire goute, à
goute : car c'eſt la couſtume
d'vn chacun de le boire de la
ſorte. Au chap. 4. plus bas pag.
122. il pourſuit la choſe plus
au long, diſant que la boiſſon
appellée Caphé, eſt dans vn
frequent vſage en ce pays-là,
laquelle ils preparent avec certaines graines noires qui approchent fort des Féves ; Laquelle Decoction ils font de
deux façons : car les vns la font
avec la peau, ou eſcorce de ladite graine, & les autres avec
la ſubſtance meſme d'icelle.
La decoction qui eſt faite avec
l'eſcorce eſt de plus grande ef-
ficace que celle qui eſt faite
avec la ſubſtance meſme, l'on
appelle ladite graine Bon : &
i'ay veu l'arbre qui la porte
dans le Verger d'vn Bey Turc,
qui

qui l'avoit fait apporter de l'A-
rabie, qui reſſemble fort au fu-
ſin, ou bonnet de preſtre.

La faculté de ce brevage eſt
froide, & ſeiche, ou pluſtoſt
temperée aux premieres qualitez à raiſon de quelque chaleur qui s'y trouve meſlée: car
cette graine eſt compoſée de
deux ſubſtances, ſçavoir d'vne
groſſiere & terreſtre, par laquelle elle fortifie & corrobore: & l'autre tenue compoſée
de parties chaudes, par leſquelles elle eſchauffe, deter-
ge, & débouche. Cette decoction eſt d'vn gouſt qui n'eſt
pas éloigné de celuy qu'a la
decoction de la chicorée, quoy
qu'elle ſoit plus puiſſante à
deſopiler. Ayant donc remarqué que les femmes dans le
commencement de leurs mois,

 pour

pour en ayder l'évacuation, en boivent peu à peu , grande quãtité toute chaude, & qu'elles avoient cette boiſſon fort en vſage dans ce temps-là. Aydé de cette experience,ie commençay à m'en ſervir , pour toutes les femmes auſquelles pour quelle cauſe que ce fut les purgations eſtoient ceſſées , ou diminuées; ce que i'ay veu tres bien reüſſir à pluſieurs. Et de là i'ay appris que cette ſorte de remede eſtoit excellent pour la ſuppreſſion des mois , qui procede de l'obſtruction des veines de la matrice, ayant auparavant pourveu à la purgation de tout le corps. Cette boiſſon priſe le matin à jeun,provoque les mois tres-puiſſamment, & eſt vn prompt remede, à celles qui les ayant peu , ſont tourmentées

mentées de douleurs violen-
tes. Ils preparent cette Decoction prenant vne livre & de-
mie des noyaux de cette graine mondée de son escorce, laquelle ils font rostir au feu, &
estant rostie la font boüillir en
xx. livres d'eau. Les autres prenent ladite graine rostie, &
mise en poudre, la laissent in-
fuser dans l'eau pendant vn
jour : & sans aucune autre in-
fusion la font boüillir iusques à
la consomption de la moitie ;
& l'ayant coulée, la gardent
dans des pots de terre bien
bouchez, pour s'en servir dans
le besoin. Ils preparent cette
boisson de la même façon avec
l'escorce de ladite graine : laquelle ils prenent toutefois en
moindre quãtité, sçavoir, quelques-vns seulement six onces,

&

& les autres neuf, pour xx. livres d'eau de fontaine, qu'ils
font boüillir iusques à la con-
fomption de la moytié : ce brevage eft excellent pour l'efto-
mach : ils le prenent le matin à
jeun, fort chaud, l'humant peu
à peu à la quantité d'vn verre,
& davantage. Et tout de mefme que vous voyez dans nos
cabarets, que ceux qui font ad-
donnez à l'yvrognerie, prenent
plaifir à boire du vin par excez, autant en font ceux de ce
pays, à boire la fufdite Decoction.

Il décrit la Féve Bon dans
l'hiftoire des plantes d'Egypte
page 26. I'ay veu, dit-il, vn arbre dans le jardin de plaifance
d'vn Turc, appellé Haly Bey,
duquel la peinture eft cy-join-
te, lequel produit ces graines
commu

communes qu'on appelle Bon,
& Ban, dont tous les Arabes,
& Egyptiens font vn brevage
tres-commun, qu'ils boivent
au lieu de vin, & qu'ils vendent dans les Tavernes publiques, cõme le vin parmi nous,
lequel ils appellent Caova: l'on
apporte ces graines de l'Arabie
heureuse; l'arbre que ie vous
ay dit auoir veu ressemble fort
à levonyme, fusin, ou bonnet
de prestre: mais toutefois il a
les fueilles plus espaisses, plus
dures, & plus vertes, & mesmes
il ioüyt d'vne perpetuelle verdure: Leur vsage est connu
d'vn chacun pour faire ledit
breuvage. Et i'ay desia dit de
quelle façon il se prepare.

Ils vsent de cette decoction
pour fortifier le vétricule trop
fro d, & pour en ayder la coction,

ćtion, cõme auſſi pour oſter les obſtructions des entrailles : ils s'en ſervent auſſi avec heureux ſuccez pendãt pluſieurs iours, dans les tumeurs froides du foye, & de la ratte:comme auſſi dans les obſtructiõs inueterées deſdites parties. Et il eſt certain que c'eſt auſſi vn remede particulier, pour les affections de matrice, puis qu'il l'échauffe, & la déboûche, eſtant vne choſe ordinaire parmi les femmes d'Egypte & d'Arabie, lors qu'elles ont leurs mois, d'en boire en quantité, fort chaud, l'humant peu à peu, pour en ayder le cours; & de s'en ſervir de meſme en celles auſquelles ils ſont ſupprimez, & l'vſage de cette Decoction pendant pluſieurs jours, eſt fort vtile, le corps ayant eſté auparauant purgé.

purgé. Avicenne a fait mention de ces graines, & leur attribue les mesmes vsages ; les mettant chaudes au troisiesme degré, & seiches au second : ce qui semble n'estre pas vray, puis qu'il est doux au goust, avec vn peu d'amertume, sans aucune acrimonie. Toutefois il a enseigné qu'il estoit tresvtile pour les obstructions des entrailles, & pour les humeurs froides du foye, & de la rate.

Veslingius poursuit ces choses plus avant dans ses Obseruations page 22. comme aussi Bauhinus dans son Pinax page 428. Olaus Vvormius dans son Musæe page 189. Olearius dans son Voyage de Perse page 422, & devant tous ceux-là Leonard Rauvvolff, dans son Itineraire page 102 : & depuis

peu

peu auſſi Môllenbroc pag. 117.
de la Goutte vague, Scorbuti-
que.

Bon, eſt le fruict d'vn Arbre , qui eſt vn corps parfaite-
ment mixte, organizé, & doüé
d'vne vie vegetatiue : car les
arbres, & les autres plantes, ar-
briſſeaux , ſous-arbriſſeaux , &
herbes, (car il y en a autant de
differences) ſont dits eſtre des
corps parfaitemét mixtes, ani-
mez , pour les diſtinguer des
corps phiſiques inanimez , &
des mixtes imparfaits. Car les
plantes viuent , quoy qu'elles
ne ſoient pas du rang des animaux; veu qu'elles ne ſentent,
ni ne dorment. Elles ont ſeulement la vie vegetatiue, & toutefois, elles different en eſpece
entre elles , de meſme façon
que les metaux ; en ſorte que

l'vn

l'vn se peut changer en l'autre:
car ie ne nie pas entierement
l'art de faire l'or.

L'on appelle les vegetaux
des corps naturels mixtes, pour
les distinguer des corps naturels simples, desquels les corps
mixtes font composez, selon
Aristote, & ausquels ils se resol-
uent, comme Hipocrate l'a dit
auant luy, dans le Livre de la
Nature humaine, texte 17. 12.
13. Laquelle Description ne
nous prouve pas si clairement
le nombre des quatre elemens,
que nonobstant cela Monsieur
le Docteur Iean Daniel Horst,
tres-excellent Philosophe, &
Medecin, & qui a esté premier
Professeur en l'Academie de
Medecine à Francfort, pendant
fort long-temps : mais qui est
maintenant le plus ancien du
College,

College , & premier Medecin
de S. A. de Heſſe , n'ait eu raiſon de dire dans ſa Phiſique
Hippocratique, page 2 5. qu'il
y avoit deux Elemens principaux, l'eau, & la terre,& deux
moins principaux , ou pluſtoſt
les liens des deux autres : ſçavoir le feu , & l'air : Et de là
vient que quelques-vns mettent en doute les trois Principes Chimiques, ſçauoir , le Sel,
le Soulphre , & le Mercure ,
tant pour ce qu'il y a pluſieurs
corps mixtes , qui ne s'y peuvent reſoudre , que parce que
la plus grande partie deſdits
corps mixtes , ſe reſout en vn
plus grand nombre de principes que ces trois ; ce qui ſe
prouve par experience dans la
reſolution chymique , par le
moyen de laquelle vous trouvez

vez trois principes liquides,
sçavoir le phlegme, l'esprit, &
l'huyle, & deux secs, sçavoir
le sel fixe, & le volatil, comme
effectivement cecy ce demon-
tre en ce que la corne de cerf,
le tartre, l'ambre iaune, & l'v-
rine nous en fournissent assez
l'exemple, & pour preuve de
l'autre verité ; il est constant
qu'il n'y a aucun Chymiste,
mesme des plus illuminez, &
consommez qui puisse reduire
l'or, ny le talc en ces trois premiers principes : sçavoir le sel,
le Soulphre, & le Mercure.
Quand à mon sentiment touchant le nombre des principes
des corps phisiques, ie le feray
sçavoir dans la dispute.

Il faut maintenant particu-
lariser la preparation du brevage fait avec le Caphé : i'en

ay

ay dit à la verité quelque chofe cy-deſſus, mais il en faut icy
parler plus ſpecialemét. La Féve Bon (*a*) qui eſt le fruiĉt de
l'arbre (A) peint cy-aprés, ſe
roſtit dans vn inſtrument de
fer, marqué de la lettre B, lequel l'on remplit de ces Féves
dépoüillées de leurs eſcorces,
avec ſon couvercle depeint à
la lettre (C) l'on y paſſe au tra-
vers vne broche, par le moyen
de laquelle l'on les tourne devant le feu, iuſques à ce qu'elles
ſoient bien roſties; aprés quoy
les ayant miſes en poudre fort
fine, l'on en prend à proportion
du nombre des perſonnes qui
en veulent boire : ſavoir pour
chaque perſonne environ vn
tiers de cuillerée de bouche;
& l'on la iette dans vn plein
verre d'eau bouïllante, en y

adjoûtant

adjoûtant vn peu de sucre : &
aprés l'avoir laissé boüillir vn
moment, l'on la met dans des
petits goubelets de porcelaine,
ou d'autre sorte, pour la boire,
peu à peu, aussi chaude que l'on
la peut souffrir : mais particulierement à jeun. A Francfort,
où Monsieur Horstius a le premier mis en vsage ladite boisson, & s'en est servi, avec bien
du succez, en quelques personnes malades : il faisoit mettre
dans vne livre d'eau boüillante, deux ou trois dragmes de ladite poudre rostie.

l'ay expliqué cy-dessus en
general les vertus du brevage
de Caffé. Toutefois à Oxfort
en Angleterre, l'on a imprimé
vne Description d'vn certain
Medecin Arabe, chez Henry
Halle mil six cens cinquante-
neuf :

neuf : lequel ſpecialement en raconte les choſes ſuivantes.

Le fruit Bon, dit-il, ſe cueille dans le mois Ab. il eſt comme la Féve repreſentée cy-aprés par la lettre (A) laquelle eſtant tirée de ſon eſcorce ſe diviſe en deux parties , qui ſont cy-aprés marquées par (bb) ſes fleurs ſont blanchâtres, cette Féve eſt chaude, au premier degré , & ſeiche au ſecond, quant à ſon eſcorce : Pour ſon noyau il eſt tout à fait temperé , il deſſeiche neantmoins, mais modiquement, & amiablement. Son breuvage eſt vtile dans les catherres, & deffluxions qui occupent la poictrine : dans les ſuppreſſions de mois, & d'vrine, dans l'ébullition du ſang, & dans l'abbattement des forces, & ce breu-

vage

vage a aussi receu les mesmes loüanges dans le Dannemarc, & dans la Suede : dans lesquels pays les grands Seigneurs s'en servent familierement. Et presentement à Paris, il y a plusieurs Boutiques, où l'on vend publiquement le Caffé avec l'Eloge suivant.

Les tres-excellentes vertus de la Meure appellée Coffé.

COffé est vne Meure, qui croist dans les Deserts d'Arabie seulement, d'où elle est transportée dans toutes les dominations du Grand Seigneur, qui estant beuë, desseiche toutes humeurs froides & humides, chasse les vents, fortifie le foye, soulage les hydro-
piques

piques par sa qualité purifian-
te, souveraine pareillemét contre la galle, & corruption de
sang : raffraischit le cœur,& le
battement vital d'iceluy : soulage ceux qui ont des douleurs
d'estomac , & qui ont man-
que d'appetit : Est bonne pareillement pour les indisposi-
tions de cerveau,froides,humi-
des, & pesantes. La fumée qui
en sort , est bonne contre les
deffluxions des yeux , & bruit
dans les oreilles : Souveraine
aussi pour la courte haleine :
pour rhumes qui attaquent le
poulmon,& douleurs de ratte:
Pour les vers, soulagement ex-
traordinaire, aprés avoir trop
beu, ou mangé : rien de meilleur pour ceux qui mangent
beaucoup de fruict.

L'vsage journalier pour quelque

que temps , fera voir les effets
cy-deſſus, à ceux qui indiſpo-
ſez s'en ſerviront de temps en
temps.

Par ce que deſſus, l'on void
que la Boiſſon dudit Caffé eſt
tres-profitable côtre les vents,
la foibleſſe du foye, l'hydropi-
ſie, l'abondance de la bile, la
corruption du ſang, la foibleſſe
du cœur, la douleur de l'eſtomac , la perte de l'appetit, la
foibleſſe du cerveau , les fluxions qui ſe font ſur les poul-
mons, ſur les yeux, & ſur les
oreilles, & contre les douleurs
de ratte.

Rauvvolf que nous avons
cité cy-deſſus, dit que les Turcs
entre autres breuvages, ſe ſervent d'vn qu'ils eſtiment beaucoup, & qu'ils nommét Chau-
be, lequel a la couleur de l'an-

B

cre

cre, & qui convient sur tout
dans les maladies du ventricule : Ils ont la coûtume d'en boire le matin dans des lieux publics, sans aucune repugnance.
Ils le prennent, dans des escuel-
les de terre, ou de porcellaine,
la maniere dont ils le prénent,
est qu'ils sont assis faisans vn
cercle , ils boivent chacun à
leur rang. Ils approchent souvent l'escuelle de leurs levres,
mais ils en boivent tres-peu à
la fois, à cause de son extreme
chaleur. Les ingredients qui
entrent dans la composition de
cette liqueur , sont certains
fruicts qui sont appellez *Bun-
cho*, par les gens du pays, res-
semblans quant à l'exterieur
en grandeur, & en couleur aux
bayes de Laurier. Ils ont deux
escorces tres-minces, ils disent
qu'on

qu'on les apporte des Indes ;
c'est vne chose de vil prix parmy eux. L'on y remarque au
dedans deux grains de couleur
jaune, qui ont chacun leur petite boëtte particuliere. Ils res-
semblent en vertu , en nom, &
en couleur au *Bancha* d'Avicenne , & au *Buncha* de Rasis à
Almanfor. Et pour moy j'estime que c'est la mesme chose ,
jusques à ce que les doctes
m'en ayent mieux esclaircy, ce
breuvage leur est tres-familier.
C'est pourquoy il y a plusieurs
d'entre eux qui en vendent
dans des boutiques publiques,
& l'on en voit plusieurs qui
traffiquent publiquement dudit fruit dans les batzats. Ils
l'estiment aussi salutaire , que
nous faisons nous autres le vin

B 2   d'abfin

d'abſinthe, ou autre vin medicinal.

A Amſterdam, le nommé
Iean Ainſvvort, vend ce breuvage dépuis cette année avec
grande approbation du public,
parce qu'il conſerve l'humide
radical, fortifie le ventricule,
guerit les maux d'yeux, les
douleurs de teſte, les catherres,
la paralyſie, la goutte, l'hydro-
piſie, & reſiſte au ſcorbut,
rompt la pierre, & ſoulage les
femmes enceintes.

Monſieur Simon Paulli, tres
excellent homme, condamne
tout à fait l'vſage du Caphé,
dans vn Commentaire qu'il a
fait de l'abus du tabac, & de
l'herbe du Thé, page 38. d'autant qu'il effemine le corps, &
l'eſprit, ce qu'il ne fait pas en
                              rafraiſ

rafraischissant par trop : mais parce qu'il desseiche insensiblement par le moyen de son propre soûlfre, dont il abonde comme le tabac, & l'*Agnus Castus*, pag. 46 : Mais l'on doit interpreter ce que dit ce grand homme de l'abus , & non du droit vsage dudit Caphé. Autrement il faudroit aussi bannir l'vsage de la rhubarbe , de la schine, du salsafras, des santaux , & autres medicamens qui croissent hors de l'Europe. Pour moy ie ne blasme pas moins l'abus du Caffé , que celuy du vin : mais i'en retiens l'vsage legitime, puis qu'il est evident que plusieurs se trouvent tres-bien de sa boisson, prise le matin à jeun avec vn peu du sucre, dans vne modique quantité,& bien à propos,

B 3 &

& l'experience journaliere fait
voir qu'il est tres-propre pour
guerir les maux d'estomac ,
arrester les fluxions,& fortifier
tout le corps. Ie conclus donc
par les paroles du sçavant Veslingius , que ce medicament
n'est pas inutile,ni nuisible aux
Européens, par où ie finis ce
discours.

Si tous ceux , qui se servent
du Caphé , le faisoient par vn
principe de delicatesse , le discours cy-dessus suffiroit pour
satisfaire leurs curiosités. Mais
comme la pluspart de ceux qui
en vsent, y sont reduits par necessité , & le prennent plustot
comme vn medicament que
comme vn regale. I'ay creu
que ié leur ferois plaisir d'y
joindre les remarques suivan-
tes, sur le mesme suiet,que i'ay
faites

faites dans la lecture de quelques voyages particuliers, par lesquelles l'on verra que tous les Autheurs qui ont écrit des proprietez de cette espece de Féve, ont convenu dans la mesme opinion, qu'elle estoit excelléte pour le soulagement de plusieurs incommodités, & singulierement pour celles qui attaquent l'estomac, ou la teste.

Pietro Del Lavallé Gentilhomme Romain, surnommé l'Illustre Voyageur, parle en deux differents endroits du premier Tôme de ses Relations du Caffé : mais comme ce qu'il en dit dans le premier article n'est pas considerable, ie n'en fais aucune mention, & ie m'attache à ce qu'il en remarque dans sa se-

conde citation en la page 90,
91,92 : en laquelle parlant des
differens breuvages des Turcs,
il s'énonce en ces mesmes termes :

Les Turcs ont vn breuvage,
dont la couleur est noire, qui
pendant l'Esté est fort rafrai-
chissant, au lieu qu'il échaufe
bien-fort en Hyver, sans changer pourtant d'essence, & de-
meurant tousiours la mesme
boisson, que l'on avalle chaude, parce qu'elle passe par le
feu, & l'on la boit à long-traits,
non pas durant le repas, mais
aprés, comme vne espece de
friandise, & par gorgées, pour
s'entretenir à son aise dans la
compagnie des amys; & l'on
ne void gueres d'assemblées
parmy eux où l'on n'en boive.
A cét effet, l'on entretient ex-

prés

prés vn grand feu , aupres duquel l'on tient toutes preftes
de petites efcuelles de porcelaine remplies de ce mélange ;
& quand cela eft aſſez chaud,
il y a des hommes commis à
cet office, leſquels ne font autre choſe, que porter ces petites efcuelles à toute la Compagnie , le plus chaudement
qu'il ce peut, en leur donnant
auſſi à chacun quelque graine
de melon pour maſcher en
paſſant le temps ; & avec ces
graines, & ce breuvage, qu'ils
nomment Cahué, ils ſe diver-
tiſſent dans leurs converſa-
tions, ou de feftes publiques,
ou de recreations particulieres, quelques fois l'eſpace de
fept ou huict heures. I'en beu
l'Efté dernier par maniere de
raffraiſchiſſement avec de la

B 5   graine

graine de melon, & avec affez
de fatisfaction , quoy qu'elle
n'ayt prefque point de faveur :
ou s'il y en a quelqu'vne, ie ne
fçay pas bien en quoy elle
confifte; mais fi l'on ne la fçait
pas boire comme il faut, on eft
fouvent en danger de fe brûler les levres , & la langue : ce
qui ne m'empefche pas d'y
trouver quelque plaifir, fans
que ie puiffe en donner la raifon. Il me femble d'avoir leu
en quelque part que les An-
ciens vfoient pareillement de
breuvages femblables,& fi cela
eft, il y a apparence que c'é-
toit la mefme chofe : parce
qu'en plufieurs autres manie-
res d'agir, tant de ce pays que
d'ailleurs , ie trouve tous les
iours de veftiges, & des reftes
de noftre antiquité. Ce breuvage,

vage, si ie m'en souuiens, se fait
auec la graine ou le fruit d'vn
certain arbre, qui croist en Arabie, vers la Meque, & le fruit
qu'il produit nommé Cahué,
d'où ce breuvage tire son nom,
est de forme ovale, de mesme
grosseur que des olives medio-
cres : & pour faire cette composition, on n'en prend quelque fois que l'escorce, qui est
tendre, & quelque fois que les
noyaux seulement, qui sont
comme deux Féves, & ils ont
opinion que de ces deux sucs
differents, l'vn rafraîchit, &
l'autre échauffe ; mais ie ne me
souviens pas si le refrigeratif
est celui de l'escorce, ou bien
l'autre ; La façon d'en faire du
breuvage est telle. Ils font brûler, ou les escorces, ou les noyaux de ces fruicts, chacun à
son

ſon gouſt, & à ſa fantaiſie, &
les reduiſent en vne poudre
tres-deliée, & d'vne couleur
noiraſtre qui ne plaiſt gueres à
la veuë; & cette poudre qui ſe
conſerve long-temps, ſe trouve touſiours dans les boutiques
des Droguiſtes.

Quand on en veut prendre,
on fait boüillir de l'eau dans
des certains Vaſes faits exprés
qui ont le bec long, & delié,
pour le verſer propremét dans
des petites eſcuelles, & aprés
que l'eau a boüilli ſuffiſam-
ment, on y jette de cette poudre de Cahué à proportion des
gens qui en doivent boire; &
l'on laiſſe encores boüillir enſemble quelque temps cette
poudre avec cette eau, iuſques
à ce qu'elle perde ſon amertume dégoûtante, qu'elle retien-
droit

droit touſiours ſans vne parfaite coction. Aprés on verſe
cette compoſition pour eſtre
beuë, auſſi chaude que la bouche, & le goſier le peuvent
ſouffrir, dans des petites écuel-
les de porcelaine dont i'ay parlé, ne ſe laiſſant avaller que
peu, à peu, & à diverſes repriſes, à cauſe de ſa chaleur
actuelle, & qu'aprés qu'elle a
pris la ſaveur, & la couleur de
cette poudre, dont la maſſe deſ-
cend, & demeure au fond de
la cruche. Pour en vſer plus
delicieuſement, on meſle avec
cette poudre de Cahué, quantité de ſucre, de canelle, & vn
peu de giroffle, ce qui luy donne vne pointe exquiſe, & la
rend beaucoup plus nourriſ-
ſante. Mais meſme ſans ces de-
licateſſes avec la ſimple poudre

dre de Cahué, cette boisson est
assez agreable au goust ; & si
l'on les en veut croire , elle
contribuë notablement à la
santé , aidant à la digestion,
fortifiant l'estomac , & arrê-
tant le cours des fluxions , &
des catarrhes : ce sont de bonnes qualitez , si elles sont effe-
ctives. Ils disent aussi qu'aprés
le souper elle empesche que
l'on s'assoupisse, & pour ce sujet ceux qui veulent étudier la
nuit en prennent pour lors. Il
s'en debite icy vne telle quantité, que l'on dit que l'impost
sur le Cahué môte à vne som-
me tres-considerable au profit
du Grand Seigneur ; quand ie
seray sur le point de m'en re-
tourner , i'en porteray avec
moy , & feray conoître à l'Italie ce simple qui luy est peut-

estre

eſtre inconneu iuſques à preſent. Si l'on le beuvoit auſſi-
bien avec du vin, comme on
fait avec de l'eau, i'oſerois m'i-
maginer qu'il pourroit bien
eſtre le Nepenthe d'Homere,
qu'il dit qu'Helene avoit eu
d'Egypte ; eſtant tout certain
que le Cahué eſt apporté icy,
de ce pays-là : & comme ce
Nepenthe éroit le charme des
ſoucis, & de l'ennuy ; le meſme
Cahué ſert auiourd'huy aux
Turcs d'entretien, & de paſſe-
temps ordinaire, leur faiſant
couler doucement quelques
heures en converſation, non
ſans entreméler parmy leurs
beuvetes force diſcours jo-
yeux & recreatifs, qui inſi-
nuent, peut-eſtre, dans les
eſprits cét oubly des triſteſſes
que le Poëte attribuë à la
vertu

vertu de son Nepenthe.

Thevenot, dans la Relation qu'il a donnée au public, d'vn Voyage fait au Levant, au chapitre particulier qu'il employe pour parler du manger, du boire, & du coucher des Turcs dans la page 61 : aprés avoir cité les autres boissons ordinaires à cette Nation, dit, dans la feüille 62.

Les Turcs ont vn autre breuvage, qui leur est fort commun, ils l'appellent *Cahuè*, & en vsent à toutes heures du iour. Cette boisson se fait d'vne graine dont nous parlerons cy-aprés. Ils la font rostir dans vne poësle, ou autre vstensile, sur le feu, puis ils la pilent, & mettent en poudre fort subtile; & quand ils en veulent boire, ils prennent vn coquemar fait exprés,

exprés, qu'ils appellent *Ibrik*, & l'ayant rempli d'eau, la font boüillir, quand elle bout, ils y mettent de cette poudre, pour environ trois taſſées d'eau, vne bonne cuillerée, & quand cela boût, on le retire viſtement de devant le feu, ou bien on le remuë, autrement il s'enfuiroit par deſſus, car il s'éleve fort viſte; & quand il a boüilli ainſi dix, ou douze boüillons, ils le verſent dans des taſſes de porcelaine, qu'ils rangent ſur vn tranchoir de bois peint, & vous l'apportét ainſi tout boüillant; il le faut boire auſſi chaud, mais à pluſieurs repriſes, autrement il n'eſt pas bon. Ce breuvage eſt amer, & noir, & ſent vn peu le brûlé; on le boit tout à petits traits, de peur de ſe brûler; de ſorte qu'eſtant

dans

dans vne cavehane (ainſi nommét ils les lieux où on le vend
tout preparé) on entend vne
aſſés plaiſante muſique de hu-
merie. Cette boiſſon eſt bonne
pour empeſcher que les fumées ne s'élevent de l'eſtomac à la teſte , & par conſequent pour en guerir le mal ,
& par la meſme raiſon il empeſche de dormir. Lors que
nos Marchands François ont
beaucoup de lettres à écrire, &
qu'ils veulent travailler toute
la nuit, ils prennent le ſoir vne
taſſe ou deux de cahué ; il eſt
bon auſſi pour conforter l'eſtomac , & aide à la digeſtion :
enfin ſelon les Turcs il eſt bon
contre toutes ſortes de maux ,
& aſſeurement il a au moins
autant de vertu , qu'on en attribuë au thé. Quant au goût,

on

on n'en a pas beu deux fois
qu'on s'y accouftume, & on ne
le trouve plus defagreable ; il y
en a qui y meflent des cloux
de giroffle, & quelques grains
de cardamome, appellé en Latin *cardamomum minus*, qu'ils appellent *cacoule*, d'autres y ad-
jouftent du fucre, mais ce mélange qui le rend plus agreable, le fait moins fain, & profi-
table : il s'en boit vne grande
quantité dans les pays des
Turcs, il n'y a pauvre, ou riche, qui n'en boive au moins
deux ou trois taffes par iour,
& c'eft vne des chofes que le
mary eft obligé de fournir à fa
femme. Il y a plufieurs cabarets
publics de Cahué, où on le fait
cuire dans des grandes chau-
dieres. En ces lieux toutes fortes de perfonnes fe peuvent
rendre,

rendre, sans distinction de re-
ligion, ni de qualité, & il n'y a
point de honte d'y entrer, plusieurs y allans pour s'entretenir ; il y a mesme au dehors du
Logis des bancs de massonne-
rie avec des nattes par dessus,
où s'assoient ceux qui veulent
voir les passans, & estre à l'air.
Il y a ordinairement dans ces
Cavehanes plusieurs violons,
joüeurs de flûtes,& musiciens,
qui sont gagez du Maistre du
Cavehane pour joüer & chan-
ter vne bonne partie du iour,
afin d'attirer le monde.Quand
quelqu'vn est en vn Cavehane
& qu'il y voit entrer des personnes de sa connoissance, s'il
est vn peu civil, il donnera or-
dre au Maistre de ne point
prendre de leur argent, & cela
par vn seul mot; car lors qu'on

leur

leur presente du Cahué , il n'a qu'à crier *giaba* , c'est à dire *gratis*. Ils ont encores le Sorbet, qui est vn fort bon breuvage, il se fait en Egypte , de sucre, jus de limon, musc, ambregris, & eau·rose : quand ils veulent regaler quelqu'vn qui les vient voir, ils luy font apporter vne tasse de Cahué , en apres le Sorbet, & puis le parfum.

Monsieur de Bourges, dans la Relation qu'il a faite du Voyage de Monsieur l'Eveque de Beryre , de la Conchinchine, au denóbrement qu'il fait des incómoditez que l'on a à souffrir dans la marche de la Caravane par le desert, en marque pour vne des plus insuporta-ble, le manquement des eaux, que l'on a de la peine à trouver, & le plus souvent tres-in-fectes,

ffeâes, & dit, ſur ce ſujet, dans
la page 40, & 41.

Comme l'eau que l'on ren-
contre, eſt ſouvent mauvaiſe,
& croupie, pour corriger l'in-
commodité qu'elle cauſe à l'e-
ſtomach, les Turcs ſe ſervent
d'vn brevage qu'ils nomment
Caphé, qui commence d'eſtre
en vſage en quelques Villes
d'Europe. Cette boiſſon eſt
compoſée d'vne petite Féve,
qui croît dans l'Arabie, proche
de la Meque, en telle abondance, que de là on la tranſporte
par toute l'Aſie, & preſque par
tous les lieux où il y a des Ma-
hometans, qui ſe ſervent de
cette boiſſon, au lieu de vin,
dont elle imite aſſez les effets,
ayant la proprieté de fortifier
l'eſtomac, & de faciliter la
digeſtion; elle a de plus celle
de

de purifier les vapeurs de la teſte. Ils font roſtir cette Féve dans vne poîle, puis ils la reduiſent en poudre dans vn mortier, & aprés en avoir ſeparé le ſon par vn tamis, on fait boüillir cette farine noire & brûlée, dans l'eau, durant l'eſpace d'vn miſerere, puis on la boit la plus chaude que l'on peut, quoy que cette liqueur n'ayt aucun goût agreable, mais pluſtot amer, elle ne laiſſe pas d'eſtre fort eſtimée par ces gens, pour les bons effets qu'ils trouvent en elle; ce qui fait paroiſtre le ſoing que Dieu a de fournir tous les pays des choſes neceſſaires pour l'avantage des hommes, on ne peut douter que dans les autres païs il n'y ait des plantes qui ont des pareilles vertus.

D V

DV THE'.

COmme il n'eſt pas venu à ma connoiſſance, que juſques à preſent, il ſe ſoit fait aucun traitté particulier du Thé, ie ſuis reduit à n'en pouvoir donner aux curieux que les remarques ſuivantes, qui bien que fort conciſes, ne laiſſent pas d'eſtre aſſez amples, pour decouvrir les qualités miraculeuſes, que la Providence a départies à cette fueille, pour la gueriſon de quelques indiſpoſitions, qui ne font que trop ſouvent le ſuiet de nos ſouffrances.

L'Autheur du Livre intitulé, l'Ambaſſade des Provinces vnies, vers l'Empereur de la Chine,

Chine Imprimé à Leyde 1675.
dans la description qu'il fait
de cet Empire parlant du Thé,
dans la page 74. Dict.

Les plus excellentes feüilles
de Cha, ou de Thé, se trouuent
dans la Province de Kiangnon
& specialement prés la Ville
Hoeicheu. Cette feüille est petite, & toute semblable à celle
qui produit le Sumach des
Conroyeurs : Ie crois pres-que
que c'en est même vne espece,
toutesfois elle n'est pas sauva-
ge, mais domestique, & cul-
tivée ; ce n'est pas aussi vn Arbre, mais vn arbrisseau qui
s'etend en diverses petites bra-
ches, & jolis rameaux. Sa fleur
approche fort de celle de Sumach hormis que celle de Cha
tire d'avantage sur le Iaune
elle pousse en Esté sa premiere

C   fleur,

fleur, qui ne fent pas beaucoup,
& fa baye de verte devient
noirâtre; fes bráehes font vêtuës
de fleurs blanches, & jaunes,
d'entellées, & pointues dépuis
le bas, jufques au haut.

Pour faire le breuvage de
Cha, tant eftimé par les In-
ldiens, on ne recherche que la
premiere feüille qui n'aift au
printemps, qui eft auffi la plus
molle, & la plus delicate, ils
la cucillent avec beaucoup de
foing l'vne aprés l'autre, &
feparement, puis ils la font
chauffer tout auffi toft vn peu
de temps dans vn coquemart à
petit feu, & lentement, &
l'envelopent dans vn matelas
de thoile de cotton bien fine, deliée & vnie, la pouf-
fant, & remuant avec les mains;
ils la remettent fur le feu, étant

ain fi

ainfi envelopée, & la frotent
pour la feconde fois, jufques
à tant qu'à force de s'entortil-
ler, & de s'apelotoner, elle
foit enfin, tout à fait feiche.
Or ils la ferrent pour la plus
part en des vaiffeaux d'étaing,
qu'ils bouchent, & feellent
tres-bien, depeur que la fub-
ftances, & qualité trop fubtiles,
ne viennent à s'évaporer : car
aprés l'avoir gardée fort long-
temps, fi on la jette en l'eau
boüillante, elle reprend fa premiere verdure, s'étend, & fe
dilate ; & fi elle eft bonne, elle
donne à l'eau vn goût, & vne
odeur agreable, & vne teinture verdâtre. Les Chinois loüét,
& font beaucoup d'état, des
vertus, & qualités de cette
boiffon, en vfent nuit, & jour,
& en prefentét ordinairement à
C 2 ceux

ceux qu'ils regalent. Or il y
en a de tant de sortes , & elle
est si differente pour l'excellence , & la bonté , qu'il y en
à bien dont la livre vaut cent
francs , & d'avantage, & d'autres que l'on peut avoir pour
douze écus , pour dix , pour
deux, voire même pour sept de-
niers: elle a pour le moins cette
faculté d'épescher la goutte &
la gravelle. Si on en prend aprés
le repas, elle oste toutes les
indigestions, & crudités d'estomach, sur tout elle ayde , &
facilite la digestion ; bien plus
elle d'esenyvre , & donne des
nouvelles forces aux yvrognes
pour recommencer à boire ;
de façon qu'elle les soulage des
incommodités qu'apporte ce
brutal excés , à cause qu'elle
deseiche , & netoye les humeurs,

meurs superfluës, & peccantes,
qu'elle chasse les vapeurs qui
causét le sommeil & qui acca-
blent lors que l'ont veut veil-
ler. Les Chinois luy ont donné divers noms, selon la di-
versité des lieux, où elle croist,
& des vertus qu'elle peut avoir,
comme celle de Hoeicheu est
la plus excellente, aussi l'ont-
ils nommée SLVNGOCHA, &
la vandent par fois 150. francs la
livre. Sa semence noirâtre
iettée en terre produit au bout
de trois ans , des jolis arbris-
seaux de la hauteur de nos
groiseliers, ou rosiers, dont on
fait tous les ans vne tres riche
recolte , les neiges , & les
gresles n'estant point capables
de l'empescher par leurs ri-
geurs , de sorte, que ie me per-
suade qu'on pourroit aysement

C 3 cultiver

cultiver cette plante en nôtre
Europe , si on semoit de sa
graine en quelque lieu ombra-
geux, & fertile. Les Iaponois
preparent ce breuvage, tout
d'vne autre façon que les Chinois : car ils en font vne poudre des feüilles, qu'ils avallent
avec de l'eau chaude ; mais les
Chinois ne boivent que l'eau
chaude , où ces füeilles ont
trempé quelque temps;& con-
tribué toutes leurs forces.

Monsieurs de Bourges,dans
la relation que j'ay déja citée
du voyage de Monsieur l'Eves-
que de Berite dans la Co-
chinchine,la page 155. en dict.

Durant nôtre sejour à Siam
aprés nos repas qui étoient
pour l'ordinaire de poisson,
nous prenions le Thé qu'on
boit tres chaud avec vn peu de
                                    sucre;

sucre ; nous nous en trouviòns fort bien, & comparant avec les effets du vin, ceux que produit ce Thé quand on s'en sert dans ces pays, ou l'estomach est affoibly par la chaleur,& sa force combatuë par la qualité de la nourriture : on peut douter qui des deux doit obtenir la preference, tant cette feüille, dont l'vsage est si commun en ces pays a d'excellentes proprietez, dont la plus remarquable est celle de desenyvrer. En quoy elle est bien differente des autres liqueurs dont vsent les hommes, qui étant prises avec excés leur ôtent, ou leur affoibliffent la raison, & le Thé la fortifie, & la d'egage des vapeurs, qui empéchent ses fonctions.

Dans les divers voyages dú

Pere Alexandre de Rhodes, le Treiziéme Chapitre qui commence en la page 48. est entierement employé à parler du Thé, & faisant reflection sur les advantages des peuples de la Chine il dit.

L'vne des choses, qui à mon advis contribuent le plus à la grande santé de ces peuples qui arrivent bien souvent à la derniere vielleße, est le Thé, dont l'vsage est fort commun, en tout l'Orient, & que l'on commence de conoistre en France, par le moyen des Hollandois, qui l'apportent de la Chine, & le vendent à Paris trente francs la livre; qu'ils ont achepté en ce pays la huict, ou dix sols, & encores voy-ie qu'ordinairement il est fort viel, & gasté: c'est ainsi que

nos

nos François laiffent entichir
les étrangers dans le negoce
des Indes Orientales , d'où ils
pourroyent tirer toutes les plus
belles richeffes du monde, s'ils
avoyent le courage de l'entre-
prendre auffi bien que leurs
voyfins , qui ont moins de mo-
yens d'y reuffir qu'eux.

Le Thé eft vne feüille grande comme celle de nos grena-
diers, elle vient en des arbrif-
feaux femblables au Mirthe, il
n'y a dans tout le monde que
deux Provinces de la Chine, où
elle fe trouve : la premiere eft
celle de Nanquin , où vient le
meilleur Thé, qu'ils appellent
Chà, l'autre eft la Province
de Chincheau , la recolte de
cette feüille , fe fait en ces
deux Provinces avec le même
foin, que nous faifons nos van-

C 5 danges

danges : l'abondance en eſt ſi grande, qu'elles en ont aſſés pour fournir le reſte de la Chine, le Iapon, le Tunquin, la Cochinchine, & pluſieurs auttes Royaumes, où l'vſage du Thé, eſt ſi ordinaire que ceux qui n'en prennent que trois fois le jour, ſont les plus moderez : pluſieurs le prennent dix, ou douze fois, ou pour mieux dire à toute heure.

Quand cette feüille eſt cueillie, on la fait bien ſecher au four, puis on l'a ferme dans des vaſes d'étain qui ſoyent bien bouchez, par ce que ſi elle s'évante, elle eſt perduë, & n'a aucune force comme levin qui eſt évanté. Ie vous laiſſe à penſer ſi Meſſieurs les Holandois ont bien ſoin de cela, quand ils la vandent en France : . Pour

conoiſtre

conoiſtre ſi le Thé eſt bon , il
faut voir s'il eſt bien vert, amer,
& ſec en ſorte qu'il ſe briſe avec
les doigts , s'il a tout cela, il eſt
bon , autrement aſſeurés. vous
qu'il ne vaut pas beaucoup.

Voicy la façon de laquel-
le ſe ſervent les Chinois
pour prendre le Thé : ils
font boüillir de l'eau dans vn
Vaze bien net, quand elle bout
bien , ils l'a retirent du feu , &
y mettent cette feüille ſelon
la proportion de l'eau ; c'eſt à
dire le poids d'vn écu de Thé,
ſur vn bon verre d'eau, ils couvrent bien le vaze , & quand la
feüille va au fonds de l'eau,
c'eſt pour lors qu'il eſt temps
de la boire , par ce-que c'eſt
lors que le Thé, luy à commu-
niqué ſa vertu , & l'a randuë
rougeatre: ils la boivent la plus

C 6   chaude

chaude qu'ils peuvent , si elle
est refroidie , elle ne sera
pas vtile, la même feüille , qui
est demeurée au fonds du vaze,
peut seruir vne seconde fois,
mais alors, on la laisse boüillir
auec l'eau.

Les Iaponnois prennent autrement le Thé, car ils le mettent en poussiere , puis le iettent dans l'eau boüillante, auec
laquelle ils auallent tout: ie ne
sçay pas si cette maniere de lo
prendre , est plus salutaire que
la premiere, ie me suis toûjours
seruy , & bien trouué de celle
qui est commune parmy les
Chinois, les vns , & les autres
m'eslent vn peu de sucre, auec
le Thé pour en corriger l'a-
mertume , qui pourtant ne me
semble pas desagreable.

Les vertus du Thé, sont trois
principales,

principales, la premiere eſt de
guerir, & d'empécher les douleurs de teſte, pour moy, quand
i'avois la migraine , en prenant
du Thé , ie me ſentois ſi fort
ſoulagé, qu'il me s'embloit qu'ó
me tiroit avec la main , tout
mon mal de teſte : par ce que
la principale force du Thé
eſt d'abatre les vapeurs groſſie-
res qui montent à la teſte &
nous incommodent. Si on le
prend apres le ſouper , ordinai-
remét il empeſche le ſommeil,
il y en a pourtant quelque-vns
que le Thé fait dormir, par ce
que n'abbatant que les vapeurs
les plus groſſes , il laiſſe celles
qui ſont propres au ſommeil.
Pour moy i'ay experimenté
aſſés ſouvent que quand i'eſtois
obligé doüir toute la nuit les
confeſſions de mes bons Chre-
ſtiens,

ftiens, ce qui arrivoit fouvent,
ie n'avois qu'à prendre du Thé
à l'heure que jeuffe commencé
à dormir, ie demeurois toute
la nuit fans eftre preffé du fommeil, & le lendemain j'eftois
auffi frais que fi i'euffe dormy
à mon ordinaire; ie pouvois
faire cela vne fois la fepmaine
fans eftre incommodé. Ie vou-
lus vne fois le continuer pendant fix nuits confecutiues,
mais à la fixiéme ie demeuray
entierement épuisé.

Le Thé ne fert pas feule-
ment à la tefte, il a vne mer-
veilleufe force à foulager l'efto-
mach, & à aider la digeftion,
auffi d'ordinaire plufieurs en
prennent aprés le difné; apres
le foupé on n'en prend pas
ordinairemant fi l'on veut dormir.

La Troisiéme chofe que fait le Thé eſt de purger les reins contre la goutte, & la gravellę, & c'eſt peut eſtre la vraye cauſe pourquoy ces ſortes de maladies, ne ſe trouvent point en ces païs-là comme i'ay dit cy-devant.

Ie me ſuis vn peu étendu ſur le diſcours du Thé, par ce que dépuis que ie ſuis en France, j'ay eû l'honneur de voir quelques perſonnes de grâde condition, & d'vn excellent merite, de qui la vie, & la ſanté ſont extremement neceſſaires à la France qui s'en ſervent avec profit, & qui ont eû la bonté de vouloir, que ie leur diſſe ce que mon experience de trente ans m'avoit appris de ce grand remede.

Nicolas Tulpius, medecin d'Amſterdam

d'Amſterdam dans ſes ob-
ſervations medicinales, au livre
4. chap. 59. parlant de l'herbe
du Thé dit.

Il n'y a rien de plus ordinaire aux Indes Orientales, que
le breuvage qui ſe fait d'vne
decoction de cette plante que
les Chinois nomment Thé, &
les Iaponois Tchia, delaquelle
ie ne feray pas difficulté de
donner à la poſterité toute
la conoiſſance que m'en ont
appris ceux qui ont eû le ſouverain commandement dans
ces païs là. Comme donc la
ſuſdite plante a ſes feüillez lon-
guetes, pointués, & dantellées,
en ſa circonference, auſſi a
t'elle d'autre part ſes racines
fibreuſes, & partagées en tres
petites particules, & ne croiſt
pas ſeulement dans la Chine,

&

& dans le Iapon , mais auſſi
dans Chiam , ou Siam: cepan-
dant il y a cette difference, que
les feüilles de la Chinoiſe ſont
d'vn verd brun , tirant ſur le
noir, & celles de la Iaponoiſe,
ſont d'vn verd plus paſle ou dé-
coloré,& d'vn goût plus agreable. Ce qui eſt auſſi cauſe que
le Tchia du Iapon eſt de beaucoup plus eſtimé , que le Thé
de la Chine , de ſorte qu'il arrive ſouvent qu'vne ſeule livre
du dit Tchia ſe vend au prix
de cent francs.

En effect la commune crean-
ce audit pays porte , qu'il n'y a
rien de plus ſouverain que cette plante , tant pour prolonger
les jours juſques à l'extreme
vieilleſſe, que pour empeſcher
tout ce qui peut faire ombrage
à la ſanté. Et que non ſeulement

ment elle rend les corps vigou-
reux, & preserve des douleurs
du calcul, (ausquelles on asseu-
re que personne dás ces lieux-
là, ne se trouve subjet) mais
de plus qu'elle guerit les douleurs de teste, les enrhumûres,
les fluxions sur les yeux, & sur
la poitrine, la courte haleine,
la debilité d'estomach, les
tranchées de ventre, la lassitu-
de, & le sommeil lequel elle re-
prime si evidemment que l'on
void, les personnes qui boivent
de ladite decoction, passer
quelque fois les nuits toutes
entieres sans dormir, & vain-
cre sans aucune peyne, ny ennuy la necessité d'ailleurs presque insurmontable du som-
meil: car elle échauffe moderement, & resserrant l'orifice
superieur de l'estomach, elle
                              bride

bride, & retient si bien les vapeurs necessaires à former le
sommeil, qui s'élevent d'embas,
que ceux qui desirent emplo-
yer les nuits à écrire, ou à me-
diter, n'en ressentent aucun em-
barras ny empeschement.

Au reste il y a grande apparence, qu'il n'y a pas fort long-
temps, que cette plante est venuë ; à la cognoissance des
Chinois , & qu'il n'y a aussi
guere de temps , qu'ils en ont
pris l'usage parmy eux : puis
qu'ils ne trouvent en leur langue aucun mot ancien pour la
designer, & qu'ils n'ont aucuns
caracteres hieroglyphiques
(tels que sont presque toutes
les lettres des Chinois) par le
moyen desquels ils puissent ex-
primer sa nature.

Quant à la façon de se servir

vir deladite plante , il faut remarquer que ces nations font
bien differentes l'vne de l'autre fur ce fubjét ; veu que les
Iaponois mettent ladite plante en poudre , la broyant fur
vne pierre ferpentine , &
par aprés la demeflant bien
avec de l'eau chaude : mais
les Chinois la font boüillir
dans quelque liqueur , y adjoûtant feulement quelques
grains foit de fel, foit du fucre , laquelle decoction encores chaude ils prefentent
par aprés fort courtoifement,
tant à ceux qu'ils ont conviez
à manger , qu'ils traittent chez
eux , comme à tous ceux qui
leur viennent randre vifite,
ce qu'ils font avec tant de
foing, & vne fi grande appli-
cation d'efprit , que même les
                    perfonnes

personnes de la plus haute qualité parmy eux , ne s'en de-
daignent pas , ains aucontrai-
re prennent à honneur de faire par leurs propres mains, la de-
coctió de cette herbe pour leurs
amys , ou tout au moins de
s'ayder à la mesler , & preparer comme il faut , tenant
expressement pour c'est effect-
là , dans le milieu de leurs
palais , des chambres de re-
serve , esquelles il y a des petits fourneaux faits avec des
pierres les plus pretieuses , &
du bois le plus exquis le tout
dedié en particulier à la susdi-
re preparation , gardant aussi
curieusement dans ces lieux
là , les pots , trepieds , enton-
noirs , gobelets , cueillieres ,
& autres pieces de vaisselle de
cette sorte de cuisine , par-
faictement

faictement bien travaillées, à
quoy il dépendent librement
quelques milliers d'écus, les
tenant proprement envelop-
pées, & pliées dans des étoffes
de soye, & ne les faisant voir
qu'a leurs plus intimes amys.
Aussi n'en font-ils pas moins
d'état que l'on feroit parmy
nous des diamans, des pierres
pretieuses, & des rangs, ou
colliers de perles de plus haut
prix : comme on le peut voir
particulierement dans Iean
Maffée, au livre 6. & 12. des
affaires des Indes : & dans
Louys Almeyda, au livre 4. de
ses lettres choisies, de plus dans
Pierre Iarric au tom. 2. livre 2.
Chap. 17. comme aussi dans
Matthieu Ricius, livre 1. de
l'expedition des Chrestiens
pour la Chine, chap. 7. encores

res dans Aloiſius Frois , en ſes relations du Iapon : dans Iacob Bontius au dialogue 7. de la medecine des Indes : & ſemblablement dans Iean Linſcot, au Chap. 26.

QVoyque le diſcours ſuivant du chocolate ayt eſté publié dépuis nombre d'années , toutesfois comme aſſurement la pluſpart de ceux qui ſe ſervent de ce brevage n'ont pas même ſçeu qu'il ſe fut rien imprimé ſur ce ſujet : I'ay creu qu'il n'y auroit pas du mal de le joindre aux pieces precedentes , ne doutant pas que ceux qui le liront n'en ayent de la ſatisfaction;

satisfaction ; & d'autant mieux, qu'ils trouveront beaucoup de rapport de ses qualitez avec celles du Caphé, & du Thé.

DV CHO-

DU
CHOCOLATE
DISCOVRS CVRIEVX,
DIVISE EN QUATRE
PARTIES

Par Antoine Colmenero de Ledefma
Medecin & Chirurgien de la Ville
de Ecija de l'Andalouzie.

Traduit d'Efpagnol en François
fur l'Impreffion faite à Madrid
l'an 1631. & éclaircy de quelques Annotations,

Par RENE' MOREAV Profeffeur
du Roy en Medecine à Paris.

Plus eft adjoûté vn Dialogue touchant
le même Chocolate.

DU
CHOCOLATE

PREFACE

Contenant le sujet & la division de ce Discours.

AV LECTEVR.

E nombre de ceux qui boivent aujourd'huy du *Chocolate* est si grád, que non seulement ce breuvage est fort vsité aux Indes où il a pris son origine, mais aussi en Espagne, en Italie & en Flandres, & particulierement

en la Cour du Roy d'Espagne.
Et il y a tant de personnes qui
sõt en doute du profit & du dõmage qu'il apporte: les vns disant qu'il opile & qu'il fait des
obstructions,les autres qui sont
en plus grand nombre,qu'il en-
graisse ; & quelques vns qu'il
fortifie l'estomac : d'autres qu'il les échauffe & en-
flamme : plusieurs asseurant
qu'ils s'en trouvent bien encore qu'ils en prennent à toute
heure , & durant mesme les
jours caniculaires. Qu'il m'a
semblé à propos d'entrepren-
dre ce travail pour l'vtilité &
contentement du public; essa-
yant à donner vne preparation
du *Chocolate* qui soit au goût
de tout le monde selon la varieté des ingrediens qu'on y
peut mesler, afin que chacun
choisisse

choisiſſe ce qu'il trouvera de
plus propre à ſes infirmités. Ie
n'ay trouvé aucun Autheur qui
ait écrit touchant ce breuvage,ſi ce n'eſt vn [*Nous avons mis
cy apres le dialogue qu'il en a fait*]
Medecin de Marchena, bourg
de l'Andalouzie,lequel ie crois
n'en avoir écrit que par relation, puis qu'il jugeoit le *Chocolate* eſtre opilatif,d'autant que
le *Cacao* , dont il eſt composé,
eſt froid & ſec. Et afin que cette raiſon ne ſoit pas ſuffiſante
d'empeſcher ſon vſage à certaines perſonnes qui ont des
obſtructions:il m'a ſemblé eſtre
à propos de deffendre cette
compoſition par des raiſons de
Philoſophie , contre tous ceux
qui voudront condamner vn
breuvage ſi bon & ſi ſalubre,
afin qu'on ſçache ſe ſervir du
D 3   moyen

moyen de faire cette pâte selon les divers subjets & occasions où elle est vtile & profita-
ble , & selon la moderation
qu'on apporte en son vsage.
C'est pourquoy avec la distinction & briefveté possible , ie
diviseray ce traicté en *quatre*
parties. En la *premiere* i'explique ce que c'est que le *Choco-*
late , qu'elles sont les facultez
du *Cacao* , & des autres ingrediens de cette composition,
où ie rapporteray la recepte
du *Medecin de Marchena* , &
diray mon opinion sur icelle.
En la *seconde* ie traicte des qualitez qui resultent de la mixtion & composition des simples qui y entrent. En la *troisié-*
me ie donne le moyen de la
faire & de la mixtionner , &
en combien de façons on boit
ce

ce breuvage parmy les Indiens.
En la *quatriéme* & derniere ie
parle de la quantité qu'il en
faut prendre, comme il faut
s'en servir, en quel temps, &
pour qu'elles occasions.

❧❧❧❧❧❧❧❧❧❧❧❧

PREMIERE
PARTIE.

POur ce qui est de ce
premier article, ie dis
que le *Chocolate* est vn
nom des Indiens, qui vulgairement peut signifier certaine
confection dans laquelle, outre les autres simples & ingrediens, entre pour base principale & pour fondemét le *Cacao*,

D 4 de

de la nature & faculté duquel il faut necessairement parler devant toutes choses. [Cho-colate , *ou Chocollatl , est vn mot Indien qui se prend pour vne certaine pâte ou mixtion faicte de plusieurs simples & ingrediens de laquelle on prend certaine portion pour dilayer avec de l'eau com-mune ou avec quelque autre li-gueur pour servir de breuvage. Ce breuvage icy n'est pas commun à tous les Indiens , mais seulement à ceux qui habitent l'Amerique Sep-tentrionale , & nommément aux habitans de la nouvelle Espagne où croist le Cacao en abondance le-quel sert de base en cette composi-tion. Il est particulierement vsité en la Mexique , d'où on l'a tran-sporté en Europe aux lieux qui ont grand commerce & intelligence avec les Mexicains , & c'est-là où*

nôtre

nôtre Autheur l'a practiqué &
veu practiquer cy apres.]

Ie dis donc avec la commune opinion de tout le monde
que le *Cacao* est froid & sec selon l'excez de ses qualitez.
[*Nôtre Autheur a dit si peu de
choses de l'arbre qui porte le Cacao, que nous sommes obligez de
suppléer à son defaut, & de donner
sa description que du Laët en son
histoire Occidentale livre 7. chap.
2. a tirée de François Ximenez en
son livre de la Nature des Plantes
& animaux de la nouvelle Espagne, œuvre tres curieux mais tres-
rare, qui a esté Imprimé à Mexico. L'arbre du Cacao appellé Cu-
cahuaguahuitl, est (dit-il) de la
grandeur & de mêmes feüilles
que l'orenger, mais plus grandes;
(Herrera les compare à celles du
chastaigner) son fruit est long &*

 semblable

ſemblable au melon ou pepon, mais il eſt rayé, canelé & roux, lequel ſe nomme Cacahuacintli plein de noix appellées Cacao qui ſont plus petites qu'vne amande, mais plus compactes & de bonne ſaveur : les noix ſont diviſées en deux parties égales bien iointes & ſerrées enſemble. Elles ſont d'vne tendre nourriture, d'vne ſaveur moyenne entre doux & amer, d'vn temperament vn peu froid & humide. Il ſe trouve quatre eſpeces de cet arbre : la premiere eſt appellée Cacahuaguahuitl qui eſt la plus grande de toutes & porte grãde quantité de fruicts : la ſeconde eſt de même nom, de moyenne grandeur portant les feüilles & ſes fruicts beaucoup plus petits : la troiſiéme eſt appellée Xuchicacahuaguahuitl encore plus petite, les fruicts de laquelle ſont plus rouges au dehors,

au

au dedans du tout semblables aux
autres: la quatriéme est la plus petite de toutes, par ainsi elle est dite
Tlalcacahuaquahuitl, c'est à dire,
petit ou bas arbre de Cacao, laquelle porte vn fruict plus petit
que tout les autres, combien qu'il
n'en differe en rien quand à la
couleur; or tous ces fruicts sont de
mêmes qualitez & ont même vsage, encore qu'on se serve du dernier, principalement en breuvage, les autres sont plus propres à
trafiquer. Au reste on a accoûtu-
mé de plâter aupres des arbres qui
portent le Cacao vn autre arbre
qu'ils nomment Atlynam, afin qu'il
l'ombrage & le defende des ar-
deurs & rayõs du Soleil, car il n'est
vtile à aucune autre chose. Il faut
voir ce qui en est écrit dans le second livre de l'Amerique Imprimé à Francfort l'an 1602. livre 4.
ch. 22.

ch. 22. & dans les Paralipomene
pag. 99. dans Ioseph à Costa livre
4. de l'Histoire generale des Indes
chap. 22. dans Iean Eusebe de Nu-
remberg en son Histoire Naturelle
livre 15. chap. 22. & dans Clusius
livre 2. des choses Estrangeres
chap. 28.] Il convient sçavoir
pour l'intelligence de cecy,
qu'encore qu'il soit vray que
tout medicament pour simple
qu'il soit, possede & tient en
soy les quatre qualitez des elemens. Neantmoins de l'action
& reaction qu'elles ont entr'elles, il sort & resulte vne
autre qualité distincte & differente de ces quatre premieres que nous appellons *Com-*
plexion ou *Temperament*. Cette
qualité ou complexion qui resulte de la mixtion, n'est pas
toûjours vne, & ne demeure

pas

pas d'vne même forte en tous les corps mixtes : mais elle a *neuf efpeçes* & differences, fça-voit *quatre fimples*, qui ont vne feule qualité fuperieure, *quatre compofées*, qui ont deux quali-tez predominantes, mais tou-tesfois qui s'accordent entr'el-les, & que pour ce fubjet font appellées fymbolifantes, & vne *neuviéme* que les Philofo-phes appellent *ad pondus*, com-me qui diroit temperament de poids lors que toutes lefdites qualitez fe trouvent balan-cées, c'eft à dire egales en poids & en degrez.

La complexion & le tem-perament du *Cacao* eft de ceux qui font compofés, puis qu'il a deux qualitez, fçavoir la froideur & la fechereffe fupe-rieures & predominantes, lef-

quelles

quelles rendent le corps dans lequel elles se trouvent adstringent, opilatif & faisant des obstructions , ainsi qu'est l'element de la terre. Mais en outre le *Cacao* estant vn corps mixte & composé des quatre elemens, il doit aussi avoir quelques parties correspondantes & proportionnées au reste des elemens ; & particulierement il en a, & non pas peu qui correspondent à l'element de l'air qui son la chaleur & l'humidité, lesquelles qualitez se trouvent iointes à des parties butyreuses , veu que l'on tire du *Cacao* vne bonne quantité de beurre pour le visage, comme i'ay veu pratiquer aux Indes par les *femmes Espagnoles* qui sont nées en ce païs-là. [*Les Espagnols les appellent* Criollas.]

Surquoy

Surquoy on peut faire cette obiection tirée de la Philosophie:
deux qualitez contraires & di-
scordantes ne peuvent se trouver en vn degré superieur en
vn même corps. Or est-il que
le *Cacao* a la froideur & seicheresse en vn degré superieur, par
consequent le *Cacao* ne peut
avoir la chaleur & l'humidité
en degré superieur qui sont
contraires à la froideur & à la
secheresse. La premiere pro-
position est tres certaine & re-
ceuë en bonne Philosophie.
La seconde est aussi accordée
de tout le monde, partant la
conclusion est tres-vraye &
tres-asseurée. On ne sçauroit
nier que cet argument ne soit
bien fort, & il est croyable que
ces raisons ayant esté conside-
rées par ce *Medecin de Marche-*
na

na elles l'ont forcé à asseurer
que le *Chocolate* faisoit des obstructions & opilations, pource
qu'il luy sembloit estre contre
toute Philosophie, de dire que
la chaleur & l'humidité soient
en vn haut degré dans le *Ca-*
rao que l'on croit asseurement
estre froid & sec. Mais l'on
peut répondre deux choses à
cette obiection ; l'vne le peu
de cognoissance que ce Medecin avoit du *Cacao*, duquel il
n'avoit iamais veu tirer le beurre, & que lors que l'on prepare
le *Chocolate* sans adjoûter aucune chose à la poudre du *Ca-*
rao fort desseichée au feu que
de la broyer & piler suffisam-
ment, elle se lie en pâte, signe
asseuré qu'il y a quelque chose
dedans d'onctueux & de vis-
queux qui necessairement se

rapporte

rapporte & correspond à l'element de l'air ; Pour l'autre raison nous la puiserons de la fontaine de Philosophie, & dirons
que dans le *Cacao* il y a diversi-
té de substances: les vnes, c'est
à sçavoir celles qui ne sont pas
si crasses & grossieres, sont plus
butyreuses & onctueuses que
terrestres ; les autres plus grossieres sont beaucoup plus terrestres que huyleuses & butyreuses : dans les premieres la
chaleur & l'humidité sont predominantes, dans les dernieres
la froideur & la seicheresse.
Neantmoins il est difficile à
croire, qu'en vne même substance & si petite comme est le
Cacao, il y puisse avoir ces deux
substances si differentes. Mais
afin que cela paroisse plus faci-
le, veritable, clair & evident:
nous

nous le voyons premierement
en la *rheubarbe*, laquelle a des
parties chaudes & purgatives,
& d'autres froides, seiches &
adstringentes qui ont la vertu
de fortifier, resserrer,& arrester
le flux de ventre. Pareillement
à voir & à considerer *l'Acier*
qui est d'vne substance terrestre,pesante, dense, froide &
seiche . on jugeroit qu'il n'est
aucunement propre à ôter les
obstructions, au contraire qu'il
est propre à les augmenter: &
neantmoins on l'ordonne tous
les iours comme leur souverain
remede. Cette difficulté se
resout , disant qu'encore qu'il
soit vray que dans *l'Acier* il y a
plusieurs parties terrestres &
grossieres, il y en a aussi de sulphurées & qui tiénent du mercure, par lesquelles il est aperi-
tif

tif & oste les obstructions. Il
est vray que cecy ne paroist
point que moyennant l'artifice & la preparation qu'on y
apporte ; qui est qu'en le broyant , triturant , & le mettant
subtilement en poudre, ses parties sulphurées & mercuriales,
comme estant actiues subtiles
& incisives se meslent si parfai-
tement & exactement avec les
terrestres & adstringentes; que
meslées de la force les vnes
avec les autres nous ne pou-
vons pas dire que *l'Acier* soit
adstringent , mais plûtôt qu'il
incise, attenuë, & desopile.

Prouvons cette doctrine par
des authorités , & que la premiere soit de *Galien,* lequel au
troisiéme livre des facultés des
medicamens simples chap.
14. tout au commencement
enseigne

enseigne que presque tous les
medicamens qui paroissent
estre simples aux sens exte-
rieurs, sont tous composés , &
ont par ce moyen des qualités
contraires , c'est à sçauoir de
chasser & de retenir, d'es-
paissir & de subtilizer, de rare-
fier & de serrer, dequoy il ne
faut s'émerueiller veu que les-
dits medicamens ont tout ensemble la vertu d'échauffer &
de refroidir , d'humecter &
desseicher ; & qu'en châque
medicament il se trouue des
parties subtiles & grossieres,
tenuës & épaisses , molles &
dures. Et au chapitre suivant
du mesme livre , il rapporte
l'exemple d'vn *viel coq* dont le
boüillon lâche le ventre , & la
chair resserte:& aussi de *l'aloës*,
lequel estant lavé perd tout à
fait

fait sa vertu purgatiue , ou ce
qui en reste est fort foible. Or
que cette difference de vertus
& facultés se trouve en differentes substances ou parties des
medicamens , *Galien* le montre au premier livre des facultez des medicamens chap. 17.
en donnant le *laict* pour exemple, dás lequel on trouve & duquel on separe trois substances
sçavoir le *fromage* qui resserre &
arreste le flux de ventre : la *se-
rosité* qui est purgatiue : & le
beurre qui nourrit comme luy
mesme explique au treiziéme
livre des Alimens chap. 15.
Nous éprouvons la mesme
chose au *moust* ou *vin nouueau*
qui a pareillement trois substances differentes. la *terrestre*
qui est la *lie*, la *subtile* qui est
la *fleur* que nous appellons écume

me , & vne troisiéme qui est
proprement le *vin*. & chaçune
de ses substances a ses diverses
facultez & vertus en couleur,
en saveur, & en autres acci-
dens. *Aristote* au quatriéme livre des meteores chap. premier
traictant de la pourriture, re-
cognoist ces mesmes substances diuerses & differentes
comme les plus curieux pourront voir s'ils prennent la peine de lire le chap. suivant du
mesme autheur. Et ainsi selon
la doctrine de *Galien* & *d'Aristote* on assigne diverses substances en châque partie du
mixte sous vne mesme forme
& quantité. Ce qui est grandement conforme à la raison si
nous considerons, que de châ-
cun aliment pour simple qu'il
soit il se produit & engendre

dans

dans le foye quatre humeurs non seulement differentes de temperemment, mais aussi de substance; & il s'engendre plus ou moins de telle humeur, selon que tel aliment a plus ou moins des parties conformes à la sustance de l'humeur qui se produira en plus grande quantité. Et ainsi aux maladies froides nous ordonnons des alimens chauds, & aux chaudes des alimens froids.

De tous ces exemples si evidens & de plusieurs autres que l'on pourroit rapporter à ce subjet, on peut recüeillir que quand on broye & pile le *Cacao*, les substances qu'il a naturellement differentes en ses diverses parties se meslent si artistement & exactement les vnes avec les autres, les

grasses

grasses & butyreuses, chaudes & humides, avec les terrestres, froides & seiches (comme nous avons dit de l'*Acier* que ces dernieres font reprimées & corrigées , de sorte qu'elles ne font plus si astringentes qu'auparavant, mais avec vne mediocrité ou moderation plus penchante en temperament chaud & humide de l'air, qu'au froid & sec de la terre : comme il se reconoist lors que nous voulons reduire le *Cacao* en breuvage. [*Maradon en son Dialogue dit qu'il est fait comme vn fuseau, dont on tort le fil en Espagne.*] Car à peine a t'on donné deux tours avec le *molinet* qui est vn instrument de bois duquel ils se servent à cet effet , que l'on void eslever vne écume crasse qui nous témoigne

moigne bien qu'il y a beaucoup de parties butyreuſes dans
le *Cacao.*

De tout ce que deſſus nous
colligerons que cet *Eſcrivain
de Marchena* s'eſt grandement
trompé touchant le *Chocolate*
qu'il a dit faire des obſtructions, à cauſe que le *Cacao* eſt
adſtringent : comme ſi ladite
adſtriction n'eſtoit aſſez corri-
gée par le mélange exacte des
parties les vnes avec les autres,
moyennant comme il a eſté
dit, la trituration. Outre qu'y
ayant avec le *Cacao*, tant d'autres ingrediens chauds de leur
nature ; il faut par neceſſité
qu'ils faſſent leur effect qui eſt
d'inciſer & attenuer, & non
pas opiler & boucher. Et cer-
tes il ne falloit point d'autres
exemples n'y d'autre doctrine

E   pour

pour preuve de cette verité
que ce que nous voyons dans
le propre *Cacao* ; lequel
si on ne le broye & pre-
pare comme il est dit pour faire le *chocolate*, ains le man-
geant ainsi qu'il est en fruict
comme le mangent les fem-
mes Espagnoles nées aux Indes, fait de notables étouppe-
mens & obstructions, non pour
autre raison sinon que les diverses substances & parties ne
soient pas si exactement & par-
faictement meslées ensemble
par la seule mastication, comme elles le sont par la trituration artificielle que l'on y apporte.

Davantage nôtre adverse
partie devoit considerer & se
souvenir des premiers rudi-
mens & principes de Philosophie

phie qui difent que d'vne pro-
pofition particuliere *& à dicto
fecundum quid*, il n'en faut pas
tirer vne generale *& ad dictum
fimpliciter*; Par ainfi qu'il ne fert
de rien de dire cet homme a
les dents blanches par confequent cet homme eft blanc;
car il fe peut faire qu'vn homme qui a les dents blanches
foit noir. Il ne fert auffi rien de
dire, le *Cacao* eft aftringent par
confequent la confection que
l'on faict de luy & d'autres ingrediens eft adftringente.

L'arbre qui porte ce fruict
eft fi delicat & la terre où il
croift eft fi exceffivemét chaude, que de peur que le Soleil
ne le brûle & défeiche, ils y
plantent d'autres arbres, &
apres qu'ils font grands & ac-
creus ils plantent l'arbre du *Ca-*

cao , [*Ces arbres s'appellent Athlynam vulgairement les Meres du Cacao*] afin que lors qu'il viendra à fortir de la terre ; les autres luy fervent de pavillon. Son fruict même n'eft point nud ny découvert mais dix ou douze *Cacao* font enfermez & comme fourrez dans vne même *Coque* , ainfi que dans vne petite calebaffe groffe comme vne figue hâtive & quelquefois plus groffe de même forme & couleur que ladite figue.

Il y a deux efpeces de *Cacao* l'vne eft ordinaire de couleur brune tirant fur le rouge , & l'autre plus large & plus grande appellée *Patlaxté* , laquelle eft grande & grandement deficcative , & qui pour ce fubjet tient la perfonne éveillée & ofte le fommeil, c'eft pourquoy

cette-

cette-cy n'eſt pas ſi propre que
que le *Cacao* ordinaire, & voyla
ce qu'on peut dire touchant ce
fruict.

Pour ce qui eſt des autres
ingrediens que reçoit nôtre
confection de *Chocolate*, ie trouve beaucoup de diverſité, pource que les vns y mettent du
poivre noir & *de Tavaſco*, lequel
pour eſtre fort chaud & fort ſec
ne convient qu'à ceux qui ont
le foye bien froid. Vn Docteur
en Medecine de l'Vniverſité
de Mexique a eſté de cet advis ; lequel ainſi qu'vn certain
Religieux digne de foy m'a aſ-
ſeuré, luy ſemblant que le poivre noir n'eſtoit propre pour le
Chocolate pour prouver ſon advis, & donner à cognoiſtre que
le poivre appellé *Chile*, qui eſt le
poivre de Mexique eſtoit meil-

E 3 leur;

leur ; fist cette experience sur
vn foye de mouton : dans la
moitié duquel ayant mis du
poivre noir , & dans l'autre
moitié du poivre de Meque,
dans les vingt quatre heures on
trouva le côté ou étoit le poivre noir tout desseiché; & l'autre côté ou étoit le poivre de
Mexique humide & succu-
lent comme si on n'y eût rien
mis.

La recepte de nôtre *Escri-
vain de Marchena* est telle, *sept
cens Cacao , vne livre & demy
de sucre blanc, deux onces de Canelle quatorze grains de poivre de
Mexique appellé Chilé ou Pimiento , demy once de cloux de
girofle , trois petites gousses de
Campeche ou en son lieu le poids
de deux reales d'anis , aussi gros
qu'vne noisette d'Achiote qui soit*

suffisant

suffisant pour luy donner couleur;
quelques vns y adjoûtent *des*
Amandes, des Noyfettes, & de
l'eau de fleurs d'Oranges.

Touchant cette recepte, ie
diray premierement que fur
cette forme on ne peut pas
chauffer tous les hommes qui
ont des maladies, ou qui y
font difpofez : mais il y faut
adjoûter ou ôter felon la neceffité & le temperament d'vn
chacun. Pour le *fuccre* encore
que l'on y en mette lors que
l'on boit le *Chocolate* : Ie ne
trouve pas mauvais d'y en ietter parmy la quantité que ie
diray. On y en met auffi &
fait on des tablettes de *Choco-*
late par friandife, comme
font les Dames de Mexi-
que, & qui fe vendent dans
la boutiques pour manger

ainſi que des confitures.

Les *clous de Girofle* que le
meſme Autheur met en cette
compoſition, n'y ſont point ad-
mis par ceux qui entendent
bien la façon de faire de breuvages, fondez peut eſtre ſur ce
qu'ils reſſerrent le ventre, bien
qu'ils ayent la proprieté de corriger la mauvaiſe haleine &
puanteur de bouche, com-
me il a eſté remarqué par
vn docte perſonnage en ces
vers.

> *Fœtorem emendant oris caryo-*
> *phila fœdum,*
> *Conſtringunt ventrem, prima-*
> *que membra iuuant,*

C'eſt à dire,

> *Le girofle rend bonne halaine*
> *Reſerre le ventre coulant*
> *Et va l'eſtomac conſolant*
> *Lors que l'alimēt luy fait peine.*

Et

Et ainsi pour estre adstringens on ne s'en doit point servir bien qu'ils soient chauds &
secs au troisiéme degré , &
qu'ils aydent les parties de
la coction qui sont l'estomac
& le foy , comme disent ces
vers.

Tout le monde met dans
cette composition le petites
gousses de Campeche [*Ie n'ay
point veu encore en aucun Autheur
la descriptiõ de ces goûses de* Campeche *ny de la plante qui les produit. Elles semblent avoir pris leur
nom de la Ville de Campeche qui
est en la province Yucatana de la
nouvelle Espagne, aussi bien qu'vne
certaine espece de Bresil qu'on appelle bois de Campeche , qui sert
aux Teinturiers , qu'on apporte en
tres grande abondance en nôtre Europe. Laët en son livre ch. 28. des*

Indes Occidentales, a opinion qu'il soit tiré d'vn arbriſſeau appellé *Cucuraqua* par les *Taraſquains* & *Quammochetl xuitzquahuitl* par les *Mexiquains* qu'il décrit au liure 5. chap. 23. mais ces bois là n'ont rien de commun auec nos goûſes qui entrent dans le *Chocolate*, leſquelles ſont peut eſtre de même qualité que le fenoüil, puis qu'elles en ont l'odeur, & que l'autheur de *Marchena* dit que l'on peut ſubſtituer en leur place l'*Anis*.] qui ſont fort belles & de l'odeur quaſi de fenoüil à cauſe qu'elles n'échauffent pas beaucoup. Et n'empéchent pas qu'on n'y adjoûte l'*Anis*: comme a pensé l'autheur de la recepte : eſtant certain qu'on ne fait jamais le *Chocolate* ſans *Anis*. Car eſtant chaud au troiſiéme degré il eſt propre à beaucoup de maladies

froides

froides & tempere la froideur
du Cacao. Et afin qu'on voye à
quels membres froids il profi-
te, ie rapporteray quelques vers
d'vn curieux.

Morbosos renes, veſicam, guttu-
ra, vuluam,
Inteſtina , iecur , cumque liene
caput
Confortat , varýſque aniſum
ſubdita morbis
Membra, iſtud tantum vim le-
ue ſemen habet.

C'eſt à dire,

L'Anis par vertu ſouueraine
Conforte les membres laſſez,
Il oſte les maux amaſſez
Par le ſeul effect de ſa graine
Les reins & veſſie malade
La ratelle & la bouche fade
Le foye gros de vers mutins,
La matrice, & les inteſtins
Et autre partie engagée

Se trouvent par luy soulagée.

L'achiote [Cette teinture est
tirée d'vn arbre fruitier que les
vns appellent Achiotl, d'autres
Changuarica, & d'autres Pama-
qua, voicy comme il est décrit par
François Ximenes au rapport de
Laët livre 5. ch. 3. C'est vn arbre
semblable en grandeur, tronc &
forme à l'orenger, ses feüilles font
comme celles de l'orme en couleur
& aspreté, l'écorce, le tronc & les
branches sont roux tirant sur le
verd, ses fleurs sont grandes distin-
gués en cinq feüilles à la façon des
étoilles, d'vne couleur blanche
pourprine, le fruict est semblable
aux premieres écorces de chastaigne
de forme & grandeur d'vne petite
amande verde, quadrangulaire &
qui s'ouvre estant meur, contenant
certains grains semblables à ceux
des raisains, mais beaucoup plus
                              ronds.

ronds. Les sauvages l'ont en grande estime & le plantent auprès de
leurs maisons, il verdit toute l'année & porte son fruict au Printemps, auquel temps on a de coûtume de le tailler, pource que de
son bois on en tire du feu comme
d'vn caillou, son écorce est fort
propre à faire des cordes qui sõt plus
fortes que du chanure même, de sa
semence on en fait de la teinture
cramoysie rouge, de laquelle les
peintres se servent: on s'en sert aussi
en Medecine, pource qu'elle est de
qualité froide estant beüe avec
quelque eau de même qualité, ou
appliquée au dehors, elle tempere
l'ardeur de la fiévre, arreste la dysenterie, enfin on la mesle avec grãde vtilité en toutes les potions re-
frigerantes, d'où vient que l'on la
mesle avec le breuvage de Chocolate pour rafraîchir, & luy donner

ner goût & belle couleur, la même
defcriptiõ eft auffi dans Ioan. Eufe-
be de Nuremberg au 15. livre de
fon hift. nat. chap. 48.] mis de la
groffeur d'vne noyfette ne fuf-
fit à donner la couleur à cettè
grande quantité d'ingrediens
contenus en la recepte : il faut
s'en rapporter à celuy qui fait
la compofition, lequel en prendra autant qu'il verra eftre ne-
ceffaire pour la teindre & co-
lorer.

Ce n'eft pas mal fait d'adjoûter les Amendes [*Nôtre au-*
theur parlant des Amandes en-
tend celle des Indes & non celles
de l'Europe. Voicy ce que dit Iof.
Acofta en fon Hift. nat. liv. 4. ch.
29. des Amandes Indiennes. Il y a
vne autre efpece de Cocos qui
ont dedans leur noyeau vne quan-
tité de petits fruicts comme Amandes,

des, à la façon des grains de gre-
nades. Ces Amandes font trois
fois auſſi grandes que celles de Ca-
ſtille & leur reſſemblent au goût,
encore qu'elles ſoient vn peu plus
aſpres & ſont auſſi humides &
huilleuſes, c'eſt vn aſſez bon manger auſſi ils s'en ſervent en delices
faute d'amandes pour faire des
maſſes pains & autres telles choſes:
il les appellent Amandes des Andes pource que ces Cocos croiſſent
abondamment és Andes du Peru,
& ſont ſi forts & durs que pour les
ouvrir il les faut frapper rudement
avec vne groſſe pierre. Quand ils
tombent de l'arbre s'ils rencon-
troient la teſte de quelqu'vn, il
n'auroit beſoin d'aller plus loing.
Et ſemble vne choſe incroyable
que dans le creux de ces Cocos
qui ne ſont pas plus grands que les
autres ou guères davantage, il y

a

a neantmoins vne telle multitude
& quantité de ces Amandes: Mais
en ce qui concerne les Amandes
& tous les autres fruicts semblables, tous les arbres doivent ceder
aux Amandes de Chachapo-
yas, lesquelles ie ne peux autrement appeller. C'est le fruict le
plus delicat, friand & plus sain de
tous ceux que i'ay veu aux Indes.
Voire vn docte Medecin asseuroit
qu'entre tous les fruicts qui sont
és Indes ou en Espagne, nul n'ap-
prochoit de l'excellence de ces
Amandes. Il y en a des plus grandes & de plus petites que celles que i'ay dit des Andes, mais
toutes sont plus grosses que celles de Castille. Elles sont fort ten-
dres à manger, ont beaucoup
de suc & substance; & comme onctueuses & fort agreables, elles
croissent en des arbres tres hauts &

de

de grand feüillage. Et comme c'est
vne chose precieuse, nature aussi
leur a donné vne bonne couver-
ture & defense, veu qu'elles sont
en vne écorce quelque peu plus
grande & plus poignante que celle
des chastaignes, toutesfois quand
cette écorce est seiche l'on en tire
facilement le grain. Ils racontent
que les singes qui sont fort friands
de ce fruict, & desquels il y en
a grand nombre en Chachapoyas
du Peru (qui est la contrée de
toutes où ie sçache qu'il y ait de
ces arbres) pour ne se piquer
en l'écorce & en tirer l'amande
les iettent rudement du haut de
l'arbre sur les pierres, & les ayant
ainsi rompues les achevent d'ouvrir pour les mãger à leur plaisir.]
& les *Noisettes*, d'autant qu'elles sont meilleures que le
Mays & que le Panis qui y
sont

font mis par quelques vns pour donner corps à la compoſition. Et ainſi i'en mettrois en toutes les eſpeces du *Chocolate*, car outre les commoditez que i'ay cy-devant rapportées, elles ſont chaudes moderement, & ont vn ſuc delicat principalement les ſeiches, les vertes & les nouvelles ny eſtant pas propres, mais plûtôt nuiſibles, ſelon qu'vn certain homme docte à mis en ces vers.

Dat modicum calidum dulciſque
  amygdala ſuccum,
  Et tenuem inducunt plurima
  damna noua.
L'amande priſe par meſure
  Donne vn doux & ſain aliment
  Mais priſe lors qu'elle n'eſt
  meure
  N'apporte rien que du tourment.
                          Doncques

Doncques les Noisettes
[*Christophe Acosta* en son liure
des aromates chap. 18. descrit les
noysettes des Indes en cette sorte. Le noysetier est vn fort grand
arbre, droit, delié, rond & d'vne
matiere fongeuse. Il à les feüilles
plus longues & plus larges que la
Palme qui porte le Cocos, & qui
sortent de la sommité de l'arbre,
entré lesquelles sortent de petites
verges déliées pleines de petites
fleurs blanches & presque sans
odeur, d'où s'engendre le fruit appellé Areca, grand, comme des
noix qui n'est pas toutes-fois rond,
mais en ouale en forme d'vn petit
œuf de poule, l'escorce exterieure
est merueilleusement verde deuant que d'estre meure, estant
meure elle devient grandement
iaune à la façon des dattes bien
meures, cette escorce est d'vne
substance

substance molle & velue qui con-
tient vn fruit gros comme vne
grosse chastaigne , blanc , dur,
plein de petites veines rouges que
les habitans mangent. Estant en-
core verd ils le mettent sous le
sable pour le rendre meilleur &
plus agreable , quelque fois ils le
mangent auec les feüilles de Be-
thel, autre fois ils le rompent &
le font seicher au Soleil , & puis
s'en seruent grandement en leur
manger & en leurs potions ad-
stringentes : pour l'escorce ils s'en
nettoyent les dents. Il y a vne au-
tre espece de noysette qui croist en
en l'Isle de S. Dominique qui est
purgatiue, mais ce n'est pas elle
qu'on mesle auec le Chocolate. El-
le est descrite par Ouiedo en son
hist. des Indes liure 2. ch. 4. &
en suite par Monardes en son li-
ure ch. 47.] ne sont pas aussi

hors

hors de propos, puis qu'elles
ont même temperament que
les Amandes: encore que pour
eſtre plus ſeiches elles approchent plus du temperament
bilieux. Mais auſſi elles cor-
roborent le ventre & l'eſtomac
bien ſeichées au feu & comme
grillées ainſi qu'on les prépare
pour cette compoſition, em-
péchant en outre que les vapeurs ne montent du ventre au
cerveau comme le même au-
theur à écrit.

Bilis auellanam ſequitur, ſed robo-
    rat aluum
      Ventris & à fumis liberat aſſa
      caput.

C'eſt à dire,
    La noyſette engendre la bile
    Elle tient le ventre fermé
    Quand elle eſt roſtie elle opile
    Et reprime l'air enfermé

Qu'il ne monte iufqu'à la tefte
Pour y former quelque tempefte.

C'eft pourquoy elles font
tres-vtiles à ceux qui ont des
ventofitez & des fumées qui
montent des hypochondres au
cerveau où elles caufent des
fonges turbulens & des imagi-
nations fâcheufes.

Ceux qui meflent le Mays.

[*Ce que les Indiens appellent
Mays nous l'appellons bled d'Inde ou froment de Turquie, qui eft
commun qu'il n'eft pas befoin de
le defcrire davantage. François
Ximene au rapport de Laet livre
3. ch. 7. en parle tres-dignement
en ces termes. La difference du
Mays fe prend de la couleur de
fes efpics (que le commun appelle
Mazorcas.) laquelle varie grandement, car les vns font de couleur blanche, les autres de rouge,*

il y en a presque de noirs, d'autres
pourprés, bleus & bigarreZ de diverses couleurs (ce qui se doit entendre de l'escorce de dessus, car
la farine en est blanche) &c. Au
reste s'il y a aucun bled que Dieu
ait fait qui soit de qualité temperée & de grande nourriture , c'est
sans doute le Mays (que les Mexicains appellent Tlaolli) car il
n'est ny chaud ny froid , mais moyen entre les deux comme aussi ny
humide ny sec , mais du tout temperé entre les deux , bien loin
d'estre de grosse & visqueuse substance voila pourquoy ceux qui
l'ont iugé estre de grossiere & visqueuse nourriture & engendrer
des obstructions se sont fort trom-
pez , on a trouvé le contraire és
Sauvages qui en viuent ordinairement parce que iamais ils ne
sont travaillez d'obstruction , &
n'ont

n'ont iamais mauuaise couleur,
mais au contraire ils asseurent
qu'il se digere aysement & aygui-
se l'appetit, que mesme avant la
venuë des Espagnols ils ne sça-
voient que c'estoit des douleurs ne-
phritiques : enfin il ne se trouue
aucun plus excellent remede entre
les Sauvages à l'encontre des maladies aigues. Ce que l'experience
témoigne abondamment , car le
Mays boüilly en l'eau nourrist suf-
fisamment le corps & se digere sans
aucune difficulté ou nuysance, il
adoucit la poitrine, tempere la
chaleur des fiévres, principalement
la poudre de sa racine trempée
dans l'eau & exposée au froid du
soir, & puis apres beuë. Or ce
Mays boüilly n'est pas seulement
vne louable & saine viande, mais
peut aussi estre donné sans crainte
aux malades aussi bien qu'aux
                            sains,

ſains, aux ieunes qu'aux vieux, aux
hommes & aux femmes & de
quelque condition qu'ils ſoient, enfin en toutes maladies ſans mal ny
peine. On dit en outre qu'il pro-
voque l'vrine, & nettoye les con-
duits. Puis donc que le Mays pris
comme il appartient apporte mille
commoditez & nul dommage (ſi
ce n'eſt qu'on veuille dire qu'il
augmente par trop le ſang & la bile) on ne doit point écouter ceux
qui affirment qu'il eſt plus chaud
que le froment, qu'il ſe digere plus
dificilement & qu'il engendre des
obſtructions. Suyvons plûtôt les
Medecins Mexicains, qui ayant
rejetté la ptiſane comme ennuyeuſe
aux malades ont mis en ſa place
l'Atolle duquel nous parlerons cy-
apres. Ie paſſe icy ſous ſilence la
façon comme on fait le pain du
Mays qui eſt décrite par le même

F

Laet

Laet à la fin de ce chap. Lopez, Acosta, le premier & second tome de l'histoire de l'Amerique, & de Lery ont amplement parlé du Mays.] ou le Paniz [*Par ce Paniz il ne faut pas entendre le vulgaire, mais celuy des Indes qui est décrit par Dodonnée en sa quatriéme partie de l'hist. des Plantes livre 7. chap. 26. & par Dalechant dans le grand Herbier livre 4. ch. 20. comme aussi par Lobel p. 25. de ses Observ. & par Pena en la pag. 15. de son livre.*] dans le Chocolate font tres-mal, pource que ces deux drogues-là engendrent l'humeur melancholique au rapport du même autheur.

Crassa melancholicum præstant
    tibi Panica succum.

Siccant si penas, membra gelantque foris.

C'est

C'est à dire,

Le Panet en seichant fait la melancholie

Appliqué sur le corps le gele & mortifie.

Il est tres-certain aussi que l'vn & l'autre est venteux, & que l'on ne les met en cette confection que pour le profit & pour augmenter la quantité du *Chocolate*, châque boisseau de *Mays* ne leur coûtant que seize reales, faisant revenir châque livre à huict reales qui est le iuste prix de la livre du *Chocolate*.

La Canelle [*Il y a apparence que nôtre autheur parle de la Canelle des Indes Occidentales, & non de la Canelle d'Orient, laquelle étoit incognue en la nouvelle Espagne devant que les Espagnols l'eussent découverte. cette Canelle*

 cy

cy eſt décrite par Monardes en ſon
hiſt. des Plantes ch. 25. Laet en
ſon livre 10. ch. 26. dit que l'arbre de la canelle eſt de la grandeur d'vn olivier produiſant certaines bourſettes avec leurs fleurs
qui étant broyées approchent en
quelque façon à l'odeur ou goût de
la canelle d'Orient. Monardes remarque qu'on ſe ſert plûtôt de leur
fruiĉt que de leur écorce, & qu'eſtât
mis en poudre qu'il fortifie l'eſtomac, chaſſe les vents, fait bonne
haleine, oſte les douleurs du ventre, ayde le cœur & donne bonne
couleur meſlé avec les viandes,
ainſi que la vraye canelle.] chaude & ſeiche au troiſiéme degré
eſt bonne pour l'vrine & pour
les reins atteins de maladies
froides, & auſſi pour les yeux, &
en effeĉt elle eſt cordiale, côme
a remarqué certain autheur,

Commoda

Commoda & vrinæ cynamomum
& renibus affert,
Lumina clarificat dira venena
fugat.

C'eſt à dire,

La Canelle eſt bonne à l'vrine
Fortifiant les reins qui la vont
produiſant,
Elle éclercit les yeux, & du ve-
nin cuyſant
Elle deſtourne la ruine.

L'Achiote [*La vertu que*
donne nôtre autheur à l'Achiote ne
s'accorde pas avec celle qui luy eſt
attribuée par François Ximenes, car
celuy-cy la tient rafraichiſſante
& celuy-là échauffante. Quoy que
ce ſoit la conſequence n'eſt pas
grande en eſgard à ſa petite quanti-
té qui entre dans le Chocolate]
vne chaleur inciſive & attenua-
tive comme il eſt evident par
la practique ordinaire des Me-

 decins

decins des Indes qui ont éprou-
vé ses effects, aussi l'ordonnent-
ils pour inciser & attenuer les
humeurs grossieres qui causent
la courte haleine qu'on appelle Asthme , & la suppression
d'vrine. Et ainsi de la même
façon il peut profiter contre
toutes sortes d'opilations lesquelles nous tâchons de dé-
truire , soit qu'elles se rencon-
trent en la poictrine, soit en la
region du ventre, ou en quelqué
autre part.

Quant au Chiles [*Il y a*
deux sortes de Chiles ou Chilli,
l'vn d'Orient qui est le Zingembre
duquel le Pere Eusebe de Nurem-
berg a fait son 27. ch. du 15. liure
de son Hist. & l'autre d'Occident
qui est le poivre de Mexique , &
qu'on appelle, poivre de Tabasco,
pource qu'il croist en grande abon-
dance

dance en cette province de la nouvelle Espagne. Nôtre Autheur
fait de cestuy-cy quatre especes,
mais le Pere Iean Eusebe en fait
bien d'avantage au ch. 80. du même livre, que les curieux pourront aller voir. Laët dit au dernier chap. de son 5. livre, que ce
fruit vient d'vn arbre domestique
appellé Xocoxochitl, lequel est
fort grand, ayant les feüilles d'o-
renger fort odorantes. Ses fleurs
sont rouges comme grenats de la
même odeur que celles des oranges agreables & douces, les fruicts
en sont ronds & pendans par grap-
pes qui sont au commencement
verds, & puis apres roux, & à la
fin noirs, d'vn goût acre & mor-
dace, & de bonne odeur, chauds &
secs au troisième degré, de sorte
qu'il peut estre mis au lieu du poivre, & on s'en peut servir chez

 les

les Apothicaires au lieu du Carpo-
balfamum ; les Efpagnols l'appel-
lent poivre de Tabafco.] (qui eſt
le poivre noir de Tavafco) ie
dis qu'il y en a de quatre fortes ; les premiers s'appellent
Chilcotes; les feconds qui font
fort petits Chiltecpin, lefquelles deux efpeces font fort mor-
dicantes & picantes; les troifiémes sõt nõmés Tonachiles qui
font chauds moderement, puis
que l'on les mange avec du
pain ainfi qu'on fait les autres
fruicts, bien qu'ils foient mô-
derement amers & ne croiſſent
en autre lieu qu'aux marefts de
Mexique ; les quatriémes font
appellés Chilpatlagua qui font
fort larges , mais qui ne font
pas ſi picquans que les deux
premiers, ny ſi peu picquans
que les troifiémes, & font ceux
que

que l'on met dans la compofition du Chocolate.

Il y a d'autres ingrediens que
l'on met dans la compofition
dont l'vn s'appelle Mecafuchil,
[*Cette plante eft décrite par Laët*
en fon 5. livre chap. 4. C'eft vne
herbe (dit il) *appellée Mecaxuchitl*
rempant fur-terre, les tuyaux de
laquelle font à trois côtez contour-
nez, & legers excepté où les queuës
des feüilles fortent, lefquelles feüil-
les font grandes, épaiffes & prefque
rondes, odorantes & d'vn goût
acre, elle porte fon fruict fembla-
ble au poivre long, lequel ils meflent
avec le breuvage de Cacao qui eft
le Chocolate auquel il donne vne
agreable faveur ; il corrobore le
cœur & l'eftomac, attenue les
craffes & lentes humeurs, & eft vn
remarquable Alexipharmaque cõ-
tre les venins, il a rapporté même

F 5   *la*

la figure du fruit. On peut voir
ses autres vertus dans le P. Iean
Eusebe livre 14. ch. 62.] & l'autre Vinacaxtli, [I'ay peur ou
que l'Autheur se soit trompé, ou
qu'il y ait faute en l'Impression, &
que au lieu de Vinacaxtli *il ne
faille mettre* Xuchinacuztli ou
Huchmacuztli, qui est vn arbre dõt
la fleur est appellée par les Espagnols Flor de la oreja, fleur à oreille,
à cause de la ressemblance qu'elle
a avec l'oreille, elle est composée
dit Laët livre 5. ch. 4. de feüilles
pourprées au dedans, au dehors ver-
des & disposées en sorte qu'elles representent vne oreille. Elle est d'vne
fort douce & agreable odeur.]
que l'on peut nommer en nôtre
langue *petites oreilles*, qui sont
fleurs odorantes, aromatiques,
& chaudes. Le Mecasuchil
[*Nôtre autheur s'est abusé en*
donnant

donnant au Mecaxuchitl vne vertu purgatiue, difant que les Indiens
en font vn fyrop pour purger.
Tous ceux que i'ay veu qui ont décrit cette fleur ne luy ont point at-
tribué cette faculté. Ie croy donc
qu'il a pris le fyrop de *Matlaizric*
fait de racine de *Zarziparille* pour
celuy de *Mecaxuchitl.*] eſt pur-
gatif, puis que les Indiens en
font vn fyrop pour purger.
Ceux qui font en Eſpagne au
lieu du *Mecaſuchil* pourront
mettre dans la confection la
poudre des roſes d'Alexandrie
pour ceux qui auront beſoin
d'avoir le ventre lâche. Iay rapporté tous les ingrediens] *Pour*
monſtrer que nôtre autheur ſe peut
abuſer, ie vay produire deux in-
grediens du Chocolate deſquels il
n'a fait aucune mention, l'vn eſt la
fleur d'vn certain arbre reſineux

qui

qui iette vne gomme cómme le
ſtyrax d'vne plus belle couleur, ſa
fleur eſt ſemblable à celle de l'orenger d'vne bonne odeur qu'ils meſlent avec le breuvage de Cacao
qui eſt le Chocolate, & eſtiment
qu'elle eſt bonne pour l'eſtomac.
L'autre ingredient eſt la gouſſe du
Tlixochitl qui eſt vne herbe ram-
pante ayant les feüilles ſemblables
au plantain mais plus longues &
épaiſſes, elle monte le long des
arbres & les embraſſe & porte
des coſſes ou gouſſes longues &
eſtroictes & quaſi rondes, qui ſentent le baume de la nouvelle
Eſpagne, ils meſlent ces gouſſes
avec leur celebre breuvage de Cacao : leur pulpe eſt noire pleine de
petites ſemences comme celles du
Pavot, on dit que deux d'icelles,
trempées en éau provoquent puiſ-
ſamment l'vrine. Voy Laët livre

5.

5. *chap.* 4. *& livre* 7. *chap.* 4.]
du *Chocolate*, afin que celuy
qui y aura plus d'affection ou de
necessité choisisse ceux desquels
il aura glus de besoin selon la
maladie qui le travaille.

❦❦❦❦❦❦❦❦❦❦❦❦

SECONDE
PARTIE.

Vant au second article,
ie dis qu'il est à obser-
ver, qu'encore qu'il soit tres-
véritable, que bien que l'on
mesle parmy le *Cacao* tous ingrediens chauds, toutesfois la
quantité du *Cacao* vient à estre
plus grande que tous les autres,
& par ainsi les autres ne ser-

vent

vent qu'à reprimer les parties
froides dudit *Cacao.* De sorte
que tout ainsi que deux medicamens de contraires qualitez,
nous venons par artifice à en
faire vn seul qui est temperé &
moderé : tout de même par
l'action & reaction des parties
froides du *Cacao*, & des autres
ingrediens chauds, le *Chocolate*
prend vne qualité temperée &
moderée fort peu essoignée de
la mediocrité : & quand nous
voudrions nous hazarder de dire (en ne mettant dans le *Cho-*
colate ny poivre, ny girofle, mais
seulement vn peu d'anis comme nous dirons cy-apres) qu'il
est purement temperé, nous le
pourrions prouver & par experience & par raison. Par experience supposant ce que dit
Galien, que tout medicament
temperé

temperé échauffe ce qui est
froid , & refroidit ce qui est
chaud ; donnant pour exemple
l'huile rosat : par experience
dis je, qu'estans aux Indes ceux
du pays fondez sur ce qui se
practique en ces quartiers-là
me voyant arriver tout échauffé
de visiter mes malades demandant vn peu d'eau pour me rafraîchir , me persuadoient de
prendre vn *gobelet de chocolate*
avec lequel i'appaisois ma soif:
& si ie le prenois le matin à ie-
vn il m'échauffoit & fortifioit
l'estomac. Prouvons-le maintenant par raison. Nous avons
demonstré que toutes les parties du *Cacao* n'estoient pas
froides ; pource que nous avons
fait voir que les butyreuses qui
sont en grand nombre sont
chaudes ou temperées. Donc-

ques

ques encore qu'il foit vray que
la quantité du *Cacao* eft plus
grande & plus forte dans le
Chocolate que tous les autres ingrediens ; les parties froides qui
luy correfpondent ne revien-
nent pas tout au plus que comme à la moitié, & ainfi encore
à furpaffer , attendu qu'elles
demeurent vn peu reprimées
par la trituration par le moyen
des parties chaudes & butyreufes du *Cacao* , & d'autre part
encore par les autres ingrediens chauds en fecond & troi-
fiéme degré qui ont vne qualité plus active, il faut que cela fe
reduife à vne mediocrité. Tout
de même que l'on void en
deux perfonnes qui fe touchent
les mains , l'vne defquelles les
a froides & l'autre chaudes: les
chaudes

chaudes se refroidissent & les froides s'échauffent, les vnes & les autres finalement demeurent sans aucun excez de chaleur, ny de froideur qu'elles avoient auparavant & deviennent enfin temperées. Semblablement ceux qui luittent au commencement ils ont leurs forces entieres; mais en suite par l'action & reaction des deux contraires luictans ensemble, elle s'affoiblissent & diminuent tellement que le combat paracheué elles demeurent allanties les vnes & les autres. C'est le sentiment *d'Aristote* au quatriéme de la generation des animaux chap. troisiéme, qui dit, que tout agent patit, aussi bien que le patient, ainsi qu'on void que qui couppe est emoussé par la chose qui

est

eſt couppée, que ce qui échauffe ſe refroidit , & que ce qui
pouſſe eſt en quelque façon re-
pouſſé.

Ie recueille de tout cecy qu'il
vaut mieux ſe ſervit du *Chocolate* quelque temps apres avoir
eſté fait que tout fraiſchement
laiſſant pour le moins vn mois
entier : m'imaginant que ce
temps eſt neceſſaire, afin que
les qualitez contraires des ingrediens s'affoibliſſent , &
qu'elles ſoient reduites à vne
mediocrité & temperature cô-
venable : pour ce que comme
ainſi ſoit qu'au commencement
châque contraire veut Imprimer & faire ſon effet ; la nature
ne ſouffre pas qu'il puiſſe s'é-
chauffer & refroidir en même
temps. C'eſt la cauſe pourquoy
Galien au douziéme livre de la
Methode,

Methode, conseille de laisser passer vn an ou pour le moins six mois devant que se servir du *Philonium*, pource que dans cette composition il y entre du suc de pavot appellée *Opium* qui est froid au quatriéme de-gré, & du poivre avec quelques autres ingrediés qui sont chauds au troisiéme. Cette doctrine est confirmée par la practique de quelques vns que i'ay priez de me dire quel *Chocolate* ils trou-voient le meilleur; & m'ont ré-pondu que c'est celuy qui est fait il y a quelques mois & que le recent leur faisoit du mal & leur relâchoit l'estomac, pour-ce qu'à mon advis, les parties grasses & butyreuses ne sont pas tout à fait corrigées par les parties terrestres du *Cacao*, & cecy ie le prouve par cette rai-

son

ſon comme ie diray cy-apres, que ſi l'on donne vn boüillon au Chocolate pour le boire ce qu'il y a de craſſe & de butyreux en luy ſe ſepare & relâche l'eſtomaç (encore qu'il ſoit vieil) comme s'il eſtoit fraiſchement fait.

Pour donc reſoudre ce ſecond article il faut avoüer que le *Chocolate* n'eſt point ſi froid que le *Cacao* ny auſſi ſi chaud que les autres ingrediens, mais que par l'action & reaction d'iceux il provient vne complexion moderée qui peut ſervir pour les eſtomacs qui ſont froids & pour ceux qui ſont chauds ; pourveu qu'il ſoit pris en mediocre quantité, comme ie diray tantôt, & qu'il ait eſté fait vn mois devant, ainſi qu'il a eſté dit. De façon que ie ne
ſçay

fçay qui eft celuy qui ayant experimenté cette confection felon qu'il convient pour châque individu, en puiffe dire du mal: outre que tout le monde s'en fervant vniverfellement il n'y a prefque perfonne qui n'en dife du bien tant aux Indes qu'en Efpagne, *Ce Medecin de Marchena* n'a donc point eu de raifon de dire que le *Chocolate* faifoit des obftructions; puifque s'il étoit ain, file foye étant opilé tout le corps viendroit à s'amaigrir. Or nous voyons par experience le contraire en ce que le *Chocolate* engraiffe, dequoy ie donneray raifon cy-apres, & voyla pour le fecond poinct.

TROISIE'ME

TROISIE'ME
PARTIE.

Yant traicté au premier article de la definition du *Chocolate*, de la qualité du *Cacao* & des autres ingrediens. Et au second de la complexion qui provient du meflange defdits ingrediens. Refte à traicter dans ce *troifié-me* de la façon de les mixtionner : mais deuant ie rapporteray la meilleure recepte & la plus convenable que i'ay peu trouver. Et quoy que i'aye dit qu'on ne pouvoit pas donner vne recepte propre à toutes fortes de perfonnes :

perſonnes: ſi eſt-ce que cela ſe doit entendre pour ceux qui ne ſe portent pas bien. Car pour ceux qui ſont en bonne ſanté cette-cy peut ſervir, car pour le reſte comme i'ay dit à la fin du premier article chacun peut choiſir les ingrediens ſelon qu'ils ſeront profitables à l'vne ou à l'autre partie du corps. Voicy la recepte.

A chacune centaine de Cacao on meſlera deux grains de Chile ou poivre de Mexique de ces gros grains que nous avons dit eſtre appellez Chilpatlague, & à leur defaut on prendra deux grains de poivre des Indes les plus larges & les moins chauds qu'on pourra trouver de ceux d'Eſpagne, vne poignée d'anis, deux de ces fleurs appellées petites oreilles ou vina-caxtlides; & deux autres qu'on

nomme

nomme Meçaſuchil, ſi le ventre étoit dur & reſſerré. En Eſpagne au lieu de ces dernieres on pourroit mettre la poudre de ſix roſes d'Alexandrie vulgairement appellées roſes pâſles vne petite goûſe de Campeche, deux drachmes de Canelle, vne douzaine d'amandes & autant de Noiſettes, demy livre de ſucre, la quantité d'Achiote qu'il ſuffira pour donner couleur à toute la compoſition. Et ſi quelqu'vne de ces drogues ne ſe trouve pas qui ſoit veritablement des Indes, cela ſe fera avec leur autre.

La façon de faire le meſlange.

L E *Cacao* & les autres ingrediens ſe pilent & ſe broyent

yent en vne pierre qu'ils appellent [*Les Indiens appellent cette pierre Metatl.*] Metate faite toute expres. La premiere chose que l'on fait c'est de griller & bien faire desseicher au feu tous les ingrediens afin qu'ils se puissent aysement piler excepté *l'Achiote* , mais il faut les faire griller avec grand soin les remuant en les grillant , afin qu'ils ne se brûlent & deviennent noirs, outre qu'estant trop grillez ils perdent leur vertu & deviennent amers. La *Canelle & le poivre de Mexique* doivent estre pilez les premiers, & ce dernier doit estre pilé avec *l'Anis* : le *Cacao* étant celuy qui doit estre pilé le dernier , mais peu à peu jusques à la quantité suffisante & à châque fois il faudra luy donner deux ou trois

G

iours

iours dans la pierre afin qu'il soit mieux broyé. Et châque chose se broye separement, & puis apres on met les poudres de tous les ingrediens dans le vaisseau, où est le *Cacao*, & ces poudres on les mesle avec vne cuilliere, & soudain on prend de cette pâte qu'on recommence à broyer sur la pierre susdite sous laquelle on met vn peu de feu apres que la confection est faite, prenant garde de n'y faire pas trop grand feu, & de ne la faire pas chauffer excessivement pour ne point resoudre & dissiper la partie butyreuse. Il est aussi à observer qu'en broyant le *Cacao* il faut mesler l'*Achiote*; afin que la couleur s'y prenne mieux. Les poudres de tous les ingrediens excepté du *Cacao* se doivent passer par le

tamis

tamis , & si on ôte la coquille
ou l'écorce du *Cacao* la confection en sera plus delicate &
delicieuse. Lors que le tout pa-
roistra estre bien broyé & in-
corporé (ce qu'on recognoi-
stra à n'y voir la moindre petite
paille) on prendra avec vne
cuilliere de cette masse qui sera presque toute fonduë & li-
quefiée dont on fera des *tablet-*
tes qu'on mettra dans des boëttes & deviendront dures à me-
sure que la masse se refroidira.
On observera cependant que
pour faire ces *tablettes* il faut
ietter vne cuillierée de cette
masse sur du papier ou sur quelques grandes feüilles d'arbres
comme est le Plane [*Il entend*
le Plane d'Inde & non celuy de
l'Europe. Or le Platanus des In-
des a esté ainsi nommé par les
G 2 *Espagnols*

*Espagnols pour des raisons qui nous
sont incognuës.   Car il n'a rien de
commun avec nôtre plane , mais
reßemble plûtôt à la palme tant en
forme qu'en grandeur de feüilles
qu'il a si grandes qu'elles couvrent
vn homme depuis la teste iusques
aux pieds.   Il est remarqué au second tome de l'Amerique que ces
feüilles servent à écrire comme an-
ciennement celles du papier. Voy
la pag.173. & 174.*] (qui est la
façon qu'on le practique aux
Indes & au lieu dudit Plane on
la verse sur du papier) ou elle
s'estend & estant mise à l'ombre s'endurcist. Et apres en
pliant le papier ils en tirent les
tablettes qui pour estre graffes
fe feparent aifement du papier,
& fi on la verfe en quelque
vaiffeau de terre où fur vn ais
on ne pourroit detacher aifement

ment lesdites tablettes, ny les
retirer entieres.

On boit aux Indes le *chocolate*
en deux façons; la premiere &
la plus ordinaire eſt de le prendre chaud avec l'Atolle [*Nôtre*
Autheur a fort bien décrit l'Atol-
le, diſant que c'eſt du Mays moulu,
pêtri & detrempé en l'eau &
boüilly à la façon d'vne boüillie fort
claire ou plûtôt de l'Amidon, mais
il n'a pas rapporté toutes les diffe-
rences qui ont eſté tres-bien re-
marquées par du Laët en ſon 7.
liv. ch. 3. que les curieux pourront
lire à loiſir, le diſcours eſtant trop
long pour eſtre icy tranſcrit.] ancien breuvage des Indiens, leſquels appellent de ce nom vne
boüillie faicte de farine de *Mays*
qu'ils meſlent ainſi avec le
Chocolate. Et pour le faire de
façon qu'il ſoit plus ſalubre ils

G 3 mondent

m ondent le *Mays* en luy oſtant
l'écorce de deſſus qui eſt ven-
teuſe & qui produit la melancholie, & ainſi il en reſte le
meilleur & le plus ſubſtantiel.
Retournant donc au propos
que nous avons laiſſé, ie dis
que l'autre boiſſon moderne
introduite depuis que les Eſpagnols ſe ſont ſervis du *Choco-*
late eſt double. La *premiere* eſt
de tremper ou dilayer le *Cho-*
colate dans l'eau froide, en tirer l'écume qu'on met dans vn
autre vaiſſeau, expoſer ce qui
reſte au feu avec du ſuccre &
en fin eſtant chaud y meſler
l'écume qu'on avoit miſe à part
& le boire ainſi. La *ſeconde* eſt
de faire chauffer de l'eau &
ayant mis dans vn gobelet de
Xicara ou de *Coco* qu'ils appellent Tecomaté [*Les Mexiquains*
appel-

appellent *Tecomatés* certains vaiſ-
ſeaux ou gobelets qu'ils font du
fruit de *Cocos* , dans leſquels ils
boivent le *Chocolate. Ils les font
auſſi des fruits de l'arbre appellé
par les Eſpagnols Higuero* , l'arbre
eſt fort grand , lequel a les feüilles
ſemblables en figure & grandeur à
celles de nôtre meurier , & porte
des fruicts comme des citrouilles,
dont les Sauvages font des gobelets pour boire le *Chocolate.* Ie n'ay
rien icy à dire des Palmes qui portent les *Cocos* qui eſt vne des merveilles de la nature, ie remarque-
ray ſeulement avec le Docteur *Pa-
ludanus* qui a fait des annotations
ſur le voyage de *Linſchot* que le
Cocos eſt couvert de deux écorces,
la premiere deſquelles eſt velaë,
de laquelle ils font des cables &
cordages, de l'autre on en fait des
gobelets , l'opinion vulgaire eſtant

G 4

que

que tels gobelets ont quelque ver-
tu contre l'apoplexie , & c'eſt dans
ces gobelets proprement que l'on
boit le Chocolate.] autant qu'il
faut de *Chocolate* , y verſer vn
peu d'eau & avec le molinet
deffaire bien le *chocolate* , &
apres l'avoir bien delayé y verſer le reſte de l'eau chaude avec
du ſuccre & le boire de la
façon.

Il y a encore vne autre maniere de preparer le *Chocolate*
qui eſt de le mettre dans vn
petit pot avec vn peu d'eau &
luy donner vn bon bouillon
iuſques à ce qu'il ſoit bien delayé & deffaict. Cela fait on y
adjoûte du ſucre & de l'eau ſuf-
fiſamment ſelon la quantité du
Chocolate , & on le fait cuire
iuſques à ce qu'il ſorte au deſſus vne graiſſe butyreuſe prenant

nant garde que si on luy donne
vn grand feu il bouillira de façon qu'il se répendara.   Mais
i'ay recognu que cette derniere
façon n'est pas si salubre quoy
qu'elle soit plus savoureuse, car
comme ainsi soit que le beurre
se separe du terrestre qui demeure en bas cela engendre
la melancolie & le beurre relâche l'estomac & oste l'appetit.

Il y a vne autre façon de
boire le *Chocolate* qui est froid,
lequel a pris le nom de son
principal ingredient, & se fait
nommer *Cacao*, duquel on se
sert les iours de festes pour se
rafraischir, & se fait de la sorte. On detrempe le *Chocolate*
dans vn peu d'eau avec le molinet, & on en tire l'écume qui
s'augmente grandement , &

G 4   bien

bien plus encore lors que le
Cacao eſt plus vieil & plus pour-
ry. On recueille cette écume
dans vn gobelet de *Xicara* ou
de *Coco* , & qui eſt appellé *Tecomaté* que lon met à part , &
au même vaiſſeau on y met le
ſuccre ; puis on y verſe l'écume qu'on a tirée à part & on
le boit ainſi froid. Et ce breuvage eſt ſi rafraiſchiſſant qu'il
n'eſt pas bon à tous les eſtomacs, parce que l'experience
fait voir le dommage qu'il fait
donnant des maux d'eſtomac,
& principalement aux femmes.
I'en dirois la cauſe mais ie la
laiſſe à part pour n'eſtre trop
prolixe.

Il y a encore vne autre façon de le boire froid, qu'ils appellent *Cacao Pinoli* , qui ſe fait
en adjoûtant au même *Chocola-*
te

te apres en avoir fait la confection , comme nous avons dit,
vne pareille quantité de *Mays*
grillé, bien pilé, & bien mondé
de son écorce premierement;
lequel estant broyé & passé par
la pierre avec le même *Choco-*
late devient tout en poudre qui
se mesle avec celle dudit *Choco-*
late , & de ces poudres toutes
detrempées ainsi que nous
avons dit, se fait l'écume qui se
prend & boit comme le breuvage precedent.

Il y a encore vne autre façon plus briefve pour les hommes d'affaires qui n'ont pas le
loisir d'attendre vne plus lon-
gue preparation , laquelle est
bien saine , & est celle dont ie
me sers. Tádis qu'on fait chauffer de l'eau on prend vne ta-
blette ou bien on rappe vn
peu

peu de *Chocolate* que l'on mesle
avec le sucre dans vn petit
pot, l'eau estant chaude, on le
verse dedans, & on le deffait
avec le molinet ; On boit
cela sans avoir separé l'écume comme on a de coûtu-
me de faire aux autres prepara-
tions.

QVATRIE'ME PARTIE.

IL nous reste à traicter
en ce dernier article
en quelle quantité il
faut boire le *Chocolate*, en quel
temps il le faut prendre, & à
quelles personnes il est propre,
pource que plusieurs vsant ex-

cessive-

cessivement, ie ne dis pas seu-
.ement du *Chocolate*, mais aussi
de toute autre sorte de viande
& de breuuage quelque bon
& excellent qu'il puisse estre,
en reçoivent de l'incommo-
dité & du detriment. Et si
quelques personnes s'en trouvent opilées c'est pour son vsage excessif. Et tout ainsi que
nous voyons le vin pris par excés au lieu déchauffer produire des maladies froides, la nature ne pouvant surmonter ny
tourner en sa substance vne si
grande quantité de vin. De
même celuy qui boit trop de
Chocolate, attendu qu'il a beaucoup de parties grasses qui ne
se peuvent distribuer en la
même quantité par tout le
corps, devient necessairement
opilé par celles qui demeurent

dans

dans les petites veines du foye. Pour à quoy remedier on se cótentera de prendre le matin cinq ou six onces seulement de *Chocolate* en temps d'hyver: & si celuy qui en prend est bilieux au lieu de le prendre avec de l'eau commune, il le prendra avec l'eau d'endive. On fera la même chose en Esté pour celuy qui en voudra vser par forme de medicament contre les obstructions & intemperies chaudes du foye, mais celuy qui aura le foye froid & remply d'obstructions prendra ledit *Chocolate* avec eau de rheubarbe. En effet regulierement on en peut vser iusques au mois de May particulierement si l'air est temperé. Mais ie n'approuve pas son vsage durant les iours Caniculaires, si ce n'est à

ceux

ceux à qui il ne fait point de mal à cauſe qu'ils y ſont habituez. Si donc quelqu'vn a beſoin d'en vſer aux iours Caniculaires, & qu'il ſoit d'vn temperament chaud il le prendra aſſaiſonné avec eau d'endive de quatre iours l'vn, ſpecialement s'il ſe ſent le matin avoir l'eſtomac foible. Et encore qu'il ſoit veritable qu'aux Indes , qui eſt vn pays tres-chaud, on la prend en toute ſaiſon,& que par conſequent on pourroit faire le meſme en Eſpagne. Toutefois ie reſpondray premierement qu'il faut donner cela à la coûtume. En ſecond lieu que l'exceſſive chaleur de ces pays-là ſe trouvant conjointeméc avec vne exceſſive humidité laquelle ayde à ouvrir les pores du corps,il arrive qu'il ſe fait vne

ſi grande diſſipation de la propre ſubſtance du corps , que
l'on peut non ſeulement le matin , mais auſſi à toute heure
prendre du *Chocolate* , ſans aucun detriment. Et il eſt tellement vray que par la chaleur
exceſſive du pays la chaleur naturelle ſe deſſipe & s'exhale, &
que celle de l'eſtomac & autres
parties interieures du corps
s'eſpand de telle façon aux ex-
terieures , que nonobſtant cet
excez de chaleur les eſtomacs
en demeurent refroidis:en ſorte qu'ils tirent du profit & de
l'vtilité,non ſeulement du *Chocolate* , lequel ſelon que nous
avons prouvé eſt moderement
chaud,mais auſſi du vin pur,le-
quel combien qu'il faſſe bien
chaud ne leur fait aucun mal,
ains aucõtraire conforte l'eſtomac

mac. Que si parmy ces chaleurs
exceſſives les Indiens viennent
à boire de l'eau ils en reçoivent
vn notable detriment par le re-
froidiſſement de leur eſtomac,
par lequel la coction vient à ſe
corrompre & ſe produiſent
beaucoup d'autres maladies.

Il faut remarquer auſſi que les
ſubſtances terreſtres que nous
avons dit eſtre dans le *Cacao*,
tõbent au fond du gobelet quãd
on le reduit en breuvage, & qu'il
y a des perſonnes à qui il ſemble que ce qui demeure en ce
fond eſt le meilleur & le plus
ſubſtantiel, & ainſi le boivent
non ſans peu de dõmage. Mais
outre que telle ſubſtance eſt
terreſtre, craſſe & opilative elle
produit l'humeur melancholique, de ſorte qu'il la faut eviter
tant qu'on pourra , ſe conten-
tant

tant du meilleur qui eſt le plus
ſubſtantiel.

Reſte finalement à reſoudre
vne difficulté que i'ay touchée
cy-devant , c'eſt à ſçavoir qui
eſt la cauſe pourquoy le *Chocolate* engraiſſe la pluſpart de
ceux qui en boivent. Pource
que ſi nous conſiderons tous
les ingrediens excepté le *Cacao*
nous verrons qu'ils ſont plus
propres à amaigrir & extenuer
les corps que non pas à les en-
graiſſer pour eſtre tous chauds
& ſecs iuſques au troiſiéme degré. Pareillement les qualitez
du *Cacao* que nous avons dit
au commécement eſtré la froideur & la ſeichereſſe ſont auſſi
ineptes à donner de la graiſſe.
Neantmoins ie dis que la grande quantité des parties butyreuſes que i'ay prouvé eſtre au

Cacao

Cacao font celles qui engraiffent,& que les ingrediés chauds
de cette compofition fervét de
conduite, & de vehicule pour
les faire paffer par le foy & par
les autres parties iufques à ce
qu'elles.foient arrivées aux parties charnuës:là où trouvât vne
fubftance qui leur eft conforme
& femblable,fçavoir chaude &
humide,telles que font ces parties butyreufes en fe cóvertifsát
en la fubftance du fubjet elles
l'augmentent & l'engraiffent.

On pourroit dire beaucoup
d'autres chofes tirées de la fontaine de la Philofophie & de
la Medecine, mais pour eftre
plus propres pour les Efcholes
que pour nôtre fubjet ie les
laiffe. Ie remarque feulement
que l'on peut adjoûter dans
ma recepte les femences

grillées

grillées de Melon, Citrouille &
[*Ie n'ay peu sçavoir qu'elle dro-*
gue c'estoit que la Valenzia , on
peut dire toutesfois qu'elle est de
mesme nature que le concombre]
Valenzia , lesquelles mises en
poudre serviront à ceux qui
ont le foye & les reins excessivement chauds : & s'il y a des
obstructions au foye & à la ratte avec vne intemperie froide,
on pourra mesler la poudre de
scolopendre. Et à toutes ces
compositions pour y donner
bonne odeur on y mettra quelque peu d'ambre gris ou de
musc. Ce ne sera pas peu de
contentement pour moy que
ce petit discours soit au gré de
tout le monde.

F I N.

DU
CHOCOLATE
DIALOGVE

Entre vn Medecin,
vn Indien, & vn
Bourgeois.

Compofé par BARTHE-
LEMY MARRADON
Voifin de la Ville de Mar-
chena, Imprimé à Seville
l'an 1618.

Tourné à prefent de l'Ef-
pagnol, & accommodé
à la Françoife.

AV LECTEVR.

LE precedent discours m'ayant donné l'envie de voir ce Dialogue, i'ay fait tout ce qui m'a esté possible pour en recouvrer vne copie Imprimée. Mais ma recherche ayant esté inutile, i'ay esté contraint d'en faire venir vne Manuscrite de Rome tirée de la Bibliotheque de Monsieur le Chevalier del Pozzo, dans laquelle il s'est rencontré beaucoup de fautes. Ce qui m'a obligé à suivre plûtôt le sens de l'Autheur qu'à m'assubjetir à vne version exacte & reguliere des paroles. Dequoy ie vous ay voulu donner advis, de peur que quelques vns conferans nôtre François avec le texte Espagnol ne nous viennent accuser d'infidelité, ne sçachant pas que nôtre petit labeur est en beaucoup d'endroits plûtôt vne periphrase qu'vne traduction. Adieu.

DU

CHOCOLATE.

Dialogue entre un Medecin, un Indien, & un Bourgeois.

ED. Il y a vn autre breuuage duquel on vſe fort aux Indes & quelque-fois en Eſpagne, qu'ils eſtiment Medicinal appellé *chocolate*; duquel il ſera à propos d'apprendre les vertus auſſi bien que des autres, ainſi que nous auons dit du *Tabac. La deſcription de ces arbres a eſté faite cy deuant.*

IND.

IDN. Il se fait du fruict de certains arbres qui se trouvét en la nouvelle Espagne: leurs feüilles sont comme celles des orangers vn peu plus grandes, leur fruict ressemble à vn gros Concombre rayé ou canelé & roux, il est plain de grains qu'on appelle *Cacao* ou petites amandes dont les vnes sont moindres que les autres: & selon leur grosseur on les divise en *quatre* espéces. Ils plantent les plus petits arbres du *Cacao*. [*Voy le discours precedent*] & les font venir à l'ombre d'autres arbres, d'autant qu'ils ont accoustumé de se brusler & se desseicher aysement par la chaleur du Soleil. Les *Cacaos* sont à present en tres-grande estime sur toutes les marchandises qui ont cours,

parce

parce qu'ils seruent de monnoye, & que l'on en fait ce breuvage tant renommé que l'on
appelle *chocolate*. MED. Ie l'ay
veu & goûté, mais pour vous
dire la verité, il ne me plaist
point ni pour breuvage, ni
pour monnoye quelque loüan-
ge qu'on luy puisse donner. I'en
ay oüy faire grand estat à vn
Medecin de nom & de reputation tant pour le gain qu'il re-
tiroit de la composition de ce
breuvage qu'on a de coûtume
de faire venir en forme de petites tablettes ou de conserve;
que pour la grande experience
qu'il a de ses effects, qui l'obli-
gent méme à en donner à ses
malades. Quant à la qualité
des *Cacaos*, bien que pour servir à faire ce breuvage ils doivent estre cueillis vn peu ver-
H   delets;

delets; si est-ce qu'on a de cou-
tume de choisir les plus secs &
& les plus vieux; & nonobstant cela ils ne laissent pas d'a-
voir vn goust âpre, adstringent
& si desagreable, qu'il n'est pas
de merueille si ceux qui en
goustent , ont en horreur le
breuvage qu'on en fait. Ceux
qui s'en servent disent qu'il est
rafraîchissant & qu'il n'enyure
iamais, ainsi que l'experience
leur à fait connoistre. Voyla
donc la qualité des *Cacaos* lors
que l'on s'en sert sans autre
mélange qui est d'estre desic-
catifs & adstringens & par
consequent terrestres & refri-
geratifs ainsi que sont tous les
medicamens stiptiques au nõ-
bre desquels nous mettons les
âpres & les aigres. IND. Ie ne
veux point donner mon iuge-
ment

ment rouchant leurs qualitez:
toute-fois ayant veu souvent
aux Indes faire de ces petits
pains defquels on compofe le
Chocolate, & ayant remarqué
qu'avec les *Cacaos* moulus &
mis en poudre on méle du poivre, de la canelle, des çloux de
girofle, de l'anis & autres in-
grédiens chauds à difcretion
fans poids & fans mefure. Ie
me ris de ceux qui difent que
ce breuvage rafraîchit, & qu'il
eft grandement medicinal, foit
qu'on le prenne diffout en eau
fiede, foit qu'on le prenne épais
comme de la viande à man-
ger. BOVRG. Doncques felon
que i'entends, celuy qui donne
de ce breuvage à fes malades
n'eft pas affuré & n'a pas la
connoiffance de fes facultez
puis qu'il ne fçait pas ny les in-
H 2	grediens

grediens qui le compofent ny
leur quátité. Voyla vne grande
malice, attendu que les doctes
Medecins reconnoiffent avec
Galien [*Livre premier des facultez
des medicamens cap.* 11.] qu'il
ne faut iamais donner aux malades le poivre battu & mis en
poudre, ny méme aux perfonnes faines; mais feulement entier: car échauffant l'eftomac
& aydant la digeftion il ne
peut paffer iufques au foye &
& autres parties nobles pour
les échauffer outre mefure.
C'eft pour cette raifon que les
fçavans Medecins n'ordonnent
point d'eaux chaudes & aromatiques comme eft celle de
canelle & autres femblables, fi
elles n'ont efté premierement
diftillées au bain marie. IND.
Ie vous fupplie dites moy fi

le

le *Chocolate* est auffi méchant &
auffi mal fain que le *Tabac?*
MED. Non, mais l'autheur [*Il*
entend Benzo , les paroles duquel
font rapportées par Clufius au fe-
cond livre des drogues étrangeres
ch. 28.] qui a fait l'hiftoire generale des plantes qui a veu
preparer ce breuvage en Nica-
ragua [*C'eft vne province de la*
nouvelle Efpagne décrite par Laet
livre 4. *ch.* 19.] & autres lieux
de la nouuelle Efpagne, dit que
c'eft plûtoft vn breuvage pour
les pourceaux que pour les
hommes, toute-fois qu'au defaut du vin & pour ne boire
toufiours de l'eau, il s'accoû-
tuma à ce breuvage comme
les autres. D'où il faut conclu-
re que la neceffité de vin qu'on
a aux Indes a fait inventer le
Chocolate duquel ils fe fervent

H 3   en

en diverses façons, & sous divers goûts : parce que la pâte des ingrediens que nous avons nommez cy-dessus, & qui se broye en vne pierre appellée *Metate*, & par les vns detrempée dans de l'eau , & mélée par les autres avec l'*Atolle* [*Voy le precedent discours.*] (qui est l'ancien breuuage des Indiens) lequel se fait avec du *Mays* blanc, cuit & lavé & qui ne ressemble pas mal à l'Amydon qui se fait en Espagne pour les malades aves des eauës propres & convenables à leur mal ; & lequel étant donné seul doit être tenu pour temperé comme il paroit à son goût doux & agreable ; ressemblant méme aux Amandes, lesquelles ont ce temperament mediocre & & moderé. C'est pourquoy les

Medecins

Medecins de la nouvelle Eſpagne donnent ce *Mays* mélé
avec du ſucre à leurs malades
avec tres-bon ſuccez, lors qu'ils
ne ſont point travaillez de chaleur exceſſiue: car en ce cas ſelon la doctrine d'Hippocrate
& de Galien ils ſe ſeruent plû-
toſt de pannade, de ptiſanes, &
d'orges mondez comme en Eſpagne. Or l'vſage du *Chocolate*
eſt ſi familier & ſi frequent par
toutes les Indes qu'il n'y a
place ny marché où il n'y ait
vne *Negre* ou vne *Indienne* avec
ſa tante, ſon *Apaſtlet* qui eſt vn
vaiſſeau comme vne terrine, &
ſon *mollinet* qui eſt vn baſton
fait en forme de fuſeau dont ils
tordent du fil en Eſpagne, avec
leurs retraites pour recueillir le
vent & refroidir leurs écumes.
Ces femmes mettant premie-

 rement

rement à part; vne partie de la pâte ou du gâteau de *Chocolaté*, & la dettrempent dans de l'eau, & apres elles retirent de cette portion l'escume qui est sa meilleure & principale sub-stance, qu'elles separent en des vaisseaux qu'on appelle *Teco-metes*, desquels elles sont en-tourées ou tout à fait ou à moitié. En suite elles distri-buent cela aux Indiens & aux Espagnols desquels elles sont enuironnées. Elles mélent à ce breuvage *l'Atollé* [*Voy le discours precedent D.*] chaud qu'elles tiennent dans des pots, auquel elles attribuent de grandes ver-tus & de grands effects. Quel-ques vns veulent que l'on leur en donne de teint & de colo-ré avec *l'Achiote* qui est vne pou-dre ou pastille faite d'vn fruict

qu'ils

qu'ils difent eftre fouverain
contre la colique. Car les In-
diãs font de grands impofteurs
qui donnent à leurs plantes des
noms Indiens par excellence
qui les mettent en haute reputation. C'eft-ce que l'on peut
dire du *Chocolate* qu'on vend
aux foires & aux marchez , &
qui eft le plus commun & le
plus ordinaire, car il s'en fait de
diverfes couleurs qu'ils appellent *Xocoatole, Chillatole , Laet
rapporte plufieurs autres efpeces
d'Atolle en fon 7. livre chap. 3.
au refte Xocoatole fignifie de l'eau
aigre qui eft faite de Mays & d'eau
trempez toute vne nuict enfemble
à l'air: pour le Chillatole il fe fait
de chille ou de poivre mélez enfemble.]* & ainfi des autres.
Pour celuy qui fe fait aux mai-
fons particulieres que l'on pre-

H 5   fente

sente aux bonnes amies & aux
voisines, & singulierement celuy qui est preparé dans les
Conués par les Religieuses: celuy qu'on fait en tablettes qu'ils
appellent *Pinolen*, [*Il est appellé*
Pinoli au discours precedēt vers la
fin de la troisiéme partie.] & qui
se boit froid au soir: Bien qu'ils
soient composez de pareils ingrediens , si est-ce qu'ils different de nom & de qualité &
font en plus grande estime.
Nous allons mettre la recepte
vsitée parmy les peuples plus
polis, & la dose precise de chacun ingredient comme il s'en-
fuit.

Prenez sept cens Cacaos qui pe-
sent vn poids ou huit reales qui
sont quatre cens cinquante pour
reale en la nouvelle Espagne, vne
livre & demy de sucre blanc, deux
onces

onces de Canelle, quatorze grains
de poivre de Mexique appellé
chillé ou pimiento, demy once de
cloux de girofle, trois petites gousses
ou cosses de Tesacta, [Il est appellé Campeche au discours
precedent partie premiere.] on
en son lieu le poids de deux realles
d'anis, pour l'Achiote on y en mettra autant qu'il en faut pour luy
donner couleur ainsi qu'on fait du
saffran qui sera peut estre aussi gros
qu'vne noysette, quelques vns y
adjoûtent des amandes ou des noysettes. De tout cela grillé & pilé
dans la pierre appellée Metate, on
fait avec le suc qui en sort & du
sucre des petits gasteaux ou vne
pâte pour mettre dans des boëttes;
quelques vns y meslent quelques
gouttes d'eau de fleurs d'orenge, vn
grain de musc, & d'ambre gris ou
de la poudre de scolopendre.

Pour

Pour ce qui regarde la façon
de s'en servir soit pour le boire
soit pour le máger, on prend les
matins du *Chocolate* avec vn
macaró ou vn biſcuit, ainſi qu'on
fait en Eſpagne vn laict d'amá-
des ou de noyſettes , vn iaune
d'œuf, quelque pâte de ſeméces
froides ou de l'amydon. Or que
tous ces coulis faits d'orge , de
farines, & de ſucre ſoient donnez à ceux qui ſont échauffez
& attenuez, il n'eſt pas hors de
raiſon. Mais de donner le *Cho-*
colate indifferemment en tout
temps, à tout ſexe, en toute
âge, & à toute heure, c'eſt-ce
qu'il faut blaſmer & reprendre
ainſi que nous avons dit du
Tabac. IND. De cela i'en ſuis
bon témoin; car i'en ay veu pluſieurs qui eſtoient tellement ac-
coûtumez à prédre le *Chocolate*
qu'ils

qu'ils ne s'en pouvoient paſſer. J'ay veu même en vn port de mer où nous debarquames pour puiſer de l'eau vn Preſtre qui nous diſant la Meſſe comme vn Apôtre, fut obligé par neceſſité eſtant fort gras & fort fatigué de s'aſſeoir ſur vn banc devant l'action de graces qu'on fait aprés la Communion où eſtoit vne ſeruante qui tenoit vn vaiſſeau de *Thecomate* plain de *Chocolate* qu'il beut, & Dieu luy donna les forces d'acheuer la Meſſe aprés s'eſtre repoſé. MED. Il meritoit d'eſtre excuſé à cauſe de ſon infirmité: mais ceux qui ſont ſans infirmité & hors de la neceſſité ne doivent rien donner à la coûtume ; cela n'eſtant pas ny honeſte ny loüable principalemét en la perſonne des Religieux,

les

les vertus desquels nous doivent servir d'exemple à bien
vivre. BOVRG. Il y a vne chose que i'ay remarquée depuis
que ie suis entré aux Indes qui
est qu'ils boivent le *Chocolate*
dans les Eglises pendant qu'on
celebre le divin Office, ce que
i'ay veu de mes yeux. MED.
Iesus ! c'est avoir vne grande
irreverence ; & porter peu de
respect au culte divin, c'est même manquer de civilité &
d'honneur aux assistans ; & il
est tres-vray que cela ne se de-
vroit point faire. Or parmy
les autres incómoditez qu'apporte le *Chocolate*, ie tiens sans
difficulté que la principale cause des obstructions , opilations
& hydropisies qui sont familie-
res aux Indes, doit estre atttri-
buée & au *Chocolate* & au Ca-

cao pour eſtre d'vne nature terreſtre & froide. Pour les Dames
elles mangent le *Chocolate* cóme ſi c'eſtoient des amandes;
& ainſi l'excez qu'on fait à s'en
ſervir produit vne infinité de
maladies aux parties interieures comme la Cachexie, la
mauvaiſe habitude & la couleur depravée du viſage.
BOVRG. I'ay parfaite cognoiſ-
ſance de tous ces breuvages,
mais ie m'accommode mieux
du boüillon: & laiſſe le *Chocolate* ſous ſa bonne foy à ceux
qui s'en trouvent bien. Mais ie
demande, quand on mange le
Chocolate, eſt il auſſi bon pour
ceux qui ſe portent bien comme vne tranche de iambon,
d'eſchinée, ou de ſauſſiſſon, ou
cóme la pâte d'alberges qu'on
met dans des boëtes, celle de

pommes de capendu, & vne
infinité d'autres conferves qui
fe font en ce pays?Et quand on
le boit eſt-il auſſi friand que le
vin de S.Martin, que le vin de
la Ciutad, ou que le vin paro-
ximenes, c'eſt à dire du Pere
Ximenez natif de Ecija Ville
de l'Andalouzie ? ceux qui boivent fobrement & modere-
ment dénieront abfolument
que ce foit vn foûtien du corps
merveilleux, ou qu'il ait de
l'advantage fur le Nectar tant
vanté par les Poëtes duquel les
Dieux des Payens s'enyuroient,
puis qu'il donne à la teſte &
fait d'autres maux : & qu'on
voit vn nombre infiny de perfonnes qui boivent grande quátité d'eauë tant cruë que cuite
auec vn peu de cannelle,d'anis
ou d'autres medicamens cognus

nus, avoir vécu tres-longuemēt fraiz & gaillards sans vin & sans tous ces autres breuuages que *Chanaan* n'a iamais plātez ny n'ont esté cognus par son grandpere. MED. On pourroit se servir d'vne grande varieté de vins medicinaux qui ont été décris pas *Dioscorides*, & rapportez par *Vvecker* de divers autheurs, desquels on a tresbonne experience, leurs ingrediens & leur quantité estant tres-bien cognuës. IND. Ie ne sçay si i'oseray dire pour conclusion des facultez du *Chocolate*, qu'il est la principale cause des necessitez qui sont en la nouvelle Espagne, pour y estre trop commun sa despense surpassant le reste de la despense ordinaire que l'on fait chaque iour, car il est certain qu'en

certaines

certaines maiſons on deſpence
par iour deux poids & davăta-
ge de *Cacao* : ás mettre en ligne
de côte le ſucre, duquel la quátité qui eſt employé eſt exceſſive revenát à plus de cinq cens
mille Arrobes, [*Arrobes eſt le*
poids de vingt cinq livres en Ca-
ſtille, & en Portugal de trente &
deux livres,] c'eſt à dire douze
millions cinq cens mille livres
de ſucre lequel ſe prepare & ſe
fait en la nouvelle Eſpagne
dans les moulins à ce deſtinez.
Et c'eſt la verité qu'en l'année
mil ſix cens ſeize *l'Arrobe* de
ſucre valoit trois poids & les
années ſuiuantes cinq & ſix
poids autant qu'il vaut en Ca-
ſtille, qui eſt la cauſe qu'il ſe
trouve ſi peu de ſucre en la
nouuelle Eſpagne. Or comme
les Dames ont yſé de ce breuvage

vage il leur a donné occaſion
de ſe vanger de leurs ialouſies,
en apprenant & ſe ſervant des
ſortileges des Indiennes qui en
ſont grandes maiſtreſſes, comme eſtant enſeignées par le
Diable, c'eſt pourquoy les perſonnes ſages doivent éuiter la
frequentation des Indiennes
pour le ſeul ſoupçon de ſorti-
lege. Et ie n'oſerois dire, pour
ne donner point ſubjet de
ſcandale à perſonne, le nombre dés meurtres & des homi-
cides qu'vn Pere de la Compagnie de Ieſus preſchant en
l'Egliſe de la Ville de Mexico
racontoit eſtre arrivez par ce
ſeul moyen. De ſorte que quand
il n'y auroit que cela ſans y
comprendre les autres incon-
veniens, il eſt tres-bon de s'ab-
ſtenir du *Chocolate*, afin d'éviter

la

la familiarité & la frequentation d'vne nation si suspecte de
sortilege.

F I N.